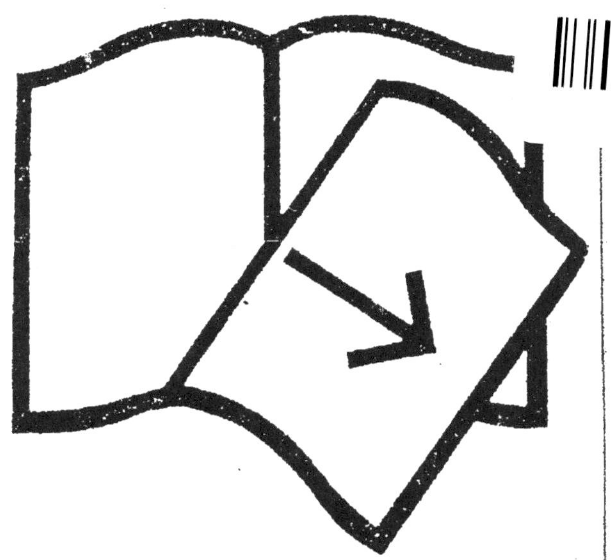

Couvertures supérieure et inférieure
manquantes

NOTICE

SUR LE PRIEURÉ

DE BOURG-ACHARD

PAR

M. LOUIS PASSY

(Extrait de la *Bibliothèque de l'École des Chartes*,
5ᵉ série, t. ii, p. 342; t. iii, p. 513.)

PARIS

IMPRIMERIE DE AD. R. LAINÉ ET J. HAVARD

RUE DES SAINTS-PÈRES, 19

1862

(4)

NOTICE

SUR LE PRIEURÉ

DE BOURG-ACHARD.

A la suite d'une charte donnée en faveur de l'abbaye de Saint-Léger de Préaux, vers le milieu du onzième siècle, par Onfroi de Vieilles, cousin germain du duc Richard II, et un des plus riches seigneurs de son temps, on lit : « Dunelma quoque soror Rogerii Bellimontis, dedit in villâ quæ vocatur Boscus Achardi, quemdam mediastinum Ascelinum nomine tenentem quadraginta acras terræ pro filiâ suâ [1]... » Ce passage nous permet d'entrevoir les origines du Bourg-Achard.

Toute la partie du Roumois comprise entre la Seine, la Risle, la mer et la plaine du Neubourg, était couverte par les forêts de la Londe, de Rouvrai, de Beaulieu, de Brotonne, de Corneville, et par les bois qui en dépendaient. Aussi, dans les cantons de Routot, de Montfort sur Risle et du Bourgthéroulde, un grand nombre de localités ont-elles emprunté leurs noms au mot bois et au nom du propriétaire. Je citerai comme exemple Bosc-Achard (Boscus Achardi), Bos-Gouet (Boscus Goeti), Bos-Normand (Boscus Normanni), Bosc-Regnoult (Boscus Regnoldi), Bosc-Roger (Boscus Rogeri), Bos Bénard Commin et Bos Bénard Crescy (Boscus Benardi Commin ; Boscus Benardi Crescy), St-Denis du Bosguérard (Boscus Gyraldi).

Le premier nom de Bourg-Achard a donc été Bosc-Achard. Si la donation de Dunelme de Pont-Audemer ne suffisait pas pour éclaircir ce point, nous pourrions invoquer d'abord la charte de fondation de Saint-Georges de Bocherville, où il est fait mention, vers 1050, de la dîme du bois d'Achard « pro decima nemoris

---

1. La Roque, *Hist. de la maison d'Harcourt*, t. IV, p. 3.

Achardi [1] » : puis ce passage du grand rôle de l'échiquier de Normandie, en 1203 : «..... pentarius reddit compotum de LV solidis de venta boscorum de Burgo Acardi..... [2] » Au treizième siècle on disait la *villa* du Bourg. Une charte de Richard de Plasnes, en 1236, parle d'un certain bâtiment situé dans la *villa* du Bourg, entre la maison de Geoffroi Lecourt et la maison de Gilbert Passebosc : « In villâ meâ de Burgo... inter domum Gaufridi Lecort et inter domum Gilleberti Passebosc [3]. »

La *villa* du Bosc-Achard se trouvait heureusement placée sur la route directe de Pont-Audemer à Rouen, et peut-être même sur la route de Lisieux à Rouen, et de Duclair au Neubourg [4]. Quoiqu'on n'ait pas encore découvert et fixé les voies antiques qui devaient relier le territoire des Bajocasses et des Viducasses avec le territoire des Véliocasses, une charte du cartulaire de Préaux nous signale l'existence d'un chemin perré à l'entrée même de Bourg-Achard [5]. D'autres chartes nous prouvent que le chemin royal de Pont-Audemer à Rouen traversait la paroisse de Bouquetot, et, sans aucun doute, la paroisse de Bourg-Achard, qui lui était contiguë [6]. Posséder un grand domaine, un village sur une route fréquentée était, au moyen âge, une source de gros revenus, et le tonlieu de Bourg-Achard, comme les tonlieux de Pont-Audemer et de Bernai devait avoir, dès le douzième siècle, une véritable importance [7]. On conçoit très aisément qu'Achard et ses successeurs, propriétaires et seigneurs de la *villa* du Bosc, ne songèrent pas à construire un château fort dans un endroit voisin d'une grande forêt et privé d'un cours d'eau.

1. Deville, *Essai hist. et descr. sur l'église et l'abbaye de Saint-Georges de Bocherville*, p. 69.

2. Stapleton, M. Rot. Scac. Norm., t. II, p. 561.

3. Cart. de B. Ach., n° 6.

4. Le Prevost, *Not. hist. et arch. sur le dép. de l'Eure*, 1833, p. 33. — Canel, *Essai sur l'arrondissement de Pont-Audemer*, t. I, p. XXII.

5. Cart. de Préaux, f° 63, r°, n° 50. « Totum tenementum quod de me tenebat Gaufridus Faber de Bouquetot in perreio, in ingressu de Burgo Achardi. »

6. Cart. de Préaux, f° 159, r°, n° 522. Barthélemi, abbé de Préaux, et son couvent fieffent à Guillaume Boteri, de Boketot, toute la terre que Guillaume Ferrant, chevalier, avait donnée « in parochiâ sancti Philiberti de Boketot, » le long du chemin de Rouen, février 1243. — Cart. de B. Ach., n° 80. Une charte de 1223 parle du chemin royal « usque ad cheminum domini Regis. »

7. Cart. de B. Ach., n° 1. « Decimam thelonei Burgi Achardi. » Charte de Roger du Bosc.

Ils se bornèrent à entourer la ville de murs et à profiter des avantages que leur procuraient l'accroissement naturel de la population et la multiplicité des affaires. C'est ainsi que la *villa* [1] du Bosc-Achard devint un bourg et s'appela le Bourg-Achard; qu'au onzième siècle on disait : « in villâ quæ vocatur Boscus Achardi », et au treizième, « in vico de Burgo Achardi » ; que la seigneurie n'appartenait pas à la famille du Bourg-Achard, mais à la famille du Bosc, et qu'enfin les textes du moyen âge portent indifféremment Bosc-Achard, Boc-Assart, Bouc-Achard, Bourg-Achard.

A quel moment la *villa* du Bosc est-elle devenue le Bourg-Achard ? Au moment où Achard s'empara des droits de tonlieu, et, pour mieux en assurer la perception, fit entourer sa *villa* de murs : mais à quel moment vivait Achard ? Nouvelle et délicate question. La charte de fondation de Saint-Georges de Bocherville, donnée par Guillaume de Tancarville entre 1050 et 1060, et la donation déjà citée de Duneline de Pont-Audemer, constatent que, vers le milieu du onzième siècle, une portion de forêt dans les environs de Honguemare et de Bouquetot était connue sous le nom de bois d'Achard : « Boscus Achardi, nemus Achardi. » Achard devait donc vivre à la fin du dixième ou au commencement du onzième siècle. Nous trouvons, en effet, parmi les vassaux de Guillaume Ier, comte de Bellesme, qui avait lui-

---

1. Il paraît certain qu'au onzième siècle, en Normandie, on distinguait soigneusement la cité, le château, le bourg, la ville. En général *civitas* désigne une cité épiscopale, *castellum* le château fort, *burgus* la partie d'une ville murée indépendante du château fort, en un mot une localité dont l'importance était à la fois commerciale et militaire. Quant au mot *villa*, il flottait entre les sens les plus variés. Après avoir désigné une exploitation rurale, un domaine, il avait cherché par les épithètes de *privata* et de *publica*, à quitter dans la langue sa place primitive pour prendre celle du mot *urbs*. Nous allons donner quelques exemples à l'appui de nos conclusions : Pommeraye, S. Rotom. eccles. Conc. ac syn. Dec., p. 101. « Nullus homo nec femina hominem nec feminam usquam assaliat, nec vulneret, nec occidat, nec castellum, nec burgum, nec villam in hoc spatio quatuor dierum et quinque noctium assaliat; » p. 105, concile de Lillebonne en 1080, art. XI. « In cimiteriis ecclesiarum quæ in civitatibus vel in castellis vel burgis sunt. » Du Cange cite, au mot *burgus*, ce passage de Richard de Hoveden : « Erant infra Vernolium tres burgi præter castellum, et unusquisque illorum erat separatus ab altero forti muro et fossa aqua plena, et unus illorum dicebatur magnus burgus. » On peut ajouter cet autre passage à la date de 1133 : « Villam rex Franciæ intravit, burgenses captivavit, burgum incendit. » Dans une charte de Richard Cœur de Lion rapportée par M. Deville, *Hist. de Saint-Georges de Bocherville*, p. 78 : « In omnibus civitatibus nostris, castellis, burgis, mercatis, passagiis et portubus. » Je pourrais multiplier ces exemples

même pour suzerain Richard Ier, duc de Normandie, Achard, dit le Riche, chevalier, peut-être seigneur, peut-être gouverneur de Domfront, « Achardus Dives, miles de Donnifronte [1]. » Achard signa la charte de fondation du monastère de Lonlai, vers 1026, et l'acte par lequel fut rétabli le service divin à Saint-Antoine de Domfront en 1028. Il ne dut pas survivre longtemps à son seigneur et ami, Guillaume de Bellesme, mort en 1030, puisque vers 1036 la charte de fondation du prieuré de St-Jean-Baptiste de la Motte constate sa mort [2]. Comme un Achard et Dunelme de Pont-Audemer ont possédé dans le même siècle des biens à Bosc-Achard, on en a conclu que cet Achard avait épousé Dunelme; mais, si Achard du Bosc-Achard est Achard de Domfront, ce mariage est impossible. Achard de Domfront vécut quarante ans avant Dunelme, et laissa, en mourant, dix enfants, cinq fils et cinq filles, et une veuve nommée Helvise. En résumé Achard était surnommé le Riche par ses contemporains, et ses biens ont pu très-aisément s'étendre jusque dans le Roumois. Il mourut vers 1030, c'est-à-dire vingt ans au moins avant que les chartes de Guillaume de Tancarville et de Dunelme constatassent l'existence de la forêt d'Achard. Il eut dix enfants, ce qui explique comment le domaine de Bourg-Achard, au douzième siècle, était entre les mains de la famille du Bosc.

Sous le règne de Guillaume le Conquérant, on trouve un second Achard de Domfront, qui descendait évidemment du premier Achard, et qui, en 1066, accompagna Guillaume en Angleterre. Il est probable que ce second Achard est celui-là même qui, vers 1070, fonda le prieuré de Saint-Pierre de Soudai [3]; mais il est certain qu'en 1092 il livra à Henri Ier la forteresse de Domfront, dont il avait la garde au nom de Roger de Montgomeri, gendre

---

1. Bouquet, *Hist. de Fr.*, t. X, p. 191, note D.

2. Bouquet, *Hist. de Fr.*, t. XI, p. 135. « Ego Suavis miles quemdam locum meo tempore constructum à genitore meo jam defuncto Achardo, nec non genitrice mea piissima adhuc superstite Helvisa.... » La paroisse de Saint-Jean de la Motte était située dans l'archidiaconé de Sablé et le diocèse du Mans. Elle dépendait du monastère de Saint-Mesmin.

3. Martène, *Ampl. Col.*, t. I, p. 481. « Hæc omnia facta sunt in camera Willielmi Goët, in castro quod nominatur Monsmirabilis. » On peut remarquer que le Bosgouet (Boscus Goëtl), est une commune voisine du Bourg-Achard (Burgus Achardi). La femme de cet Achard s'appelait Gila; ses fils, Pierre, Rahier, Achard; ses filles, Isabelle, Crista et Agnès.

de Guillaume II de Bellesme [1]. Enfin un troisième Achard de Domfront, vraisemblablement fils d'Achard II, devint l'ami du roi Henri II et mourut évêque d'Avranches, après avoir joué un grand rôle dans les affaires de son temps [2].

En résumé, on peut, ce me semble, avancer que le domaine du Bosc est l'origine du Bourg-Achard, que ce domaine, cette *villa* du Bosc, par les soins d'Achard de Domfront, son propriétaire et son seigneur, devint un bourg dans les premières années du onzième siècle, et qu'enfin, par succession, il fut transmis à la famille du Bosc entre les mains de laquelle nous le trouvons démembré dans le milieu du douzième siècle.

I.

Vers 1136 Nivelon du Bosc avait établi, dans l'église de Saint-Lo de Bourg-Achard, quatre prébendes ; mais, sur le conseil, et avec l'autorisation de Hugues, archevêque de Rouen, Roger du Bosc, probablement après la mort de Nivelon, son frère, substitua aux quatre chanoines séculiers quatre chanoines réguliers de l'ordre de Saint-Augustin. Il fit, en même temps, au nouveau prieuré des libéralités considérables. On remarquera, dans la charte de donation que nous allons reproduire, un emplacement pour les bâtiments des chanoines, trois acres de terre pour le luminaire de l'église, la dîme du toulieu de Bourg-Achard, la dîme des moulins de Roger du Bosc à Pont-Authou, en un mot, la dîme de tous les revenus de son domaine de Bourg-Achard. Ces donations furent faites par Roger du Bosc, en présence de Mathilde sa femme, de Guillaume son fils, d'Henri son frère, du consentement de Galeran, comte de Meulan, dans le domaine duquel avait été fondée l'église de Saint-Lo de Bourg-Achard, et avec l'approbation pleine et entière de Hugues, archevêque de Rouen (1142) [3].

1. Ord. Vital, liv. VIII, § XIX. — Orderic Vital appelle ce personnage Harecher. M. Le Prevost pense que son vrai nom était Achard, t. III, p. 384, note 2.

2. *Gallia Christ*, t. VII, col. 665, et t. XI, col. 480.

3. Le prieuré de Bourg-Achard possédait au dix-huitième siècle des archives considérables. Toussaint Duplessis les cite dans sa *Description géographique et historique de la haute Normandie*. D'Hozier y a puisé un assez grand nombre de documents pour dresser la généalogie de la famille du Quesnoy. Avant la révolution, un

Rogerus de Bosco, universis sanctæ matris ecclesiæ fidelibus, salutem in Domino. Sciatis omnes quod ego divinâ miseratione inspiratus, maxime autem consilio permultum venerandi Hugonis Rothomagensis archiepiscopi admonitus et roboratus, pro animâ patris mei Willelmi et Albendæ matris meæ atque antecessorum meorum, et pro salute et prosperitate meâ et uxoris meæ Mathildæ, et Willelmi filii mei et heredum meorum et parentum et dominorum meorum et amicorum, donavi ecclesiam Sancti Laudi de Burgo-Achardi, et quatuor præbendas eidem ecclesiæ pertinentes, sicut a N... fratre meo fuerunt institutæ, et omnia quæ ad ipsam pertinent et pertinebunt ecclesiam, canonicis regularibus qui perenniter ibi servirent Domino secundum regulam Sancti Augustini religiose conversando. Ut autem hæc donatio mea cum omnibus redditibus quocumque justo modo prædictæ ecclesiæ concessis, vel ab aliquo de terrâ meâ concedendis et donandis, nullo a me jure terreno in hiis retento, præter patrocinium et defensionem, firmiter et inconcusse permaneat, memorati domini Hugonis archiepiscopi confirmatione et testimonio, scriptique præsentis sigillique mei munimine roboravi, ac muniri sategi. Dedi etiam ipsi ecclesiæ virgultum meum juxta ecclesiam, et terras ad officinas canonicorum, et tres acras terræ ad luminaria ecclesiæ, et decimam thelonei Burgi-Achardi, et decimam molendinorum meorum de Ponte Autouldi, et moltam de dominicâ mensâ canonicorum; quin etiam in molendinis meis, decimam quoque pasnagii mei, et panis mei et omnis meæ proprietatis omnimodorum reddituum Burgi Achardi. Dedi insuper eidem ecclesiæ quatuor acras terræ quas tenet Radulphus Crespinus, de quâ terrâ ipse reddit quatuor solidos in die Ascensionis Domini. Quin etiam confirmo quæ Hugo canonicus hujus religionis inceptor et primus prior dedit prædictæ ecclesiæ de patrimonio suo, trigenta scilicet acras terræ, et tres acras de bosco, concessione Rogerii Gule de Maltre, et Marci filii ejus; unde ipse Marcus habuit trigenta solidos. Præfatus autem Hugo prior dedit ipsi ecclesiæ ex parte matris suæ quadraginta acras terræ de quibus Radulphus

cartulaire du prieuré de Bourg-Achard se trouvait entre les mains de M. le marquis de Radepont. Dom Probst en tira une copie, qui se trouve aujourd'hui conservée à la Bibliothèque impériale, Cart., n° 177. Comme les archives de Bourg-Achard ont été dispersées à l'époque de la révolution, cette copie, dont l'authenticité est garantie par les chartes publiées par d'Hozier et par les cartulaires originaux de Jumiéges et de Préaux, a, malgré de nombreuses fautes, une valeur véritable. Cette copie nous a permis de suivre dans le détail, depuis 1142 jusqu'au milieu du treizième siècle, l'histoire du prieuré de Bourg-Achard.

nepos ejus tenet decimationes, et reddit ad natale Domini tres capones et duas gallinas et quinque panes, ad pascha quadraginta ova et unum agnum, et servitium totius terræ et tallias et auxilia dominorum reddit. Walterus quoque de Cloz concessu et testimonio meo dedit octo solidos et duos denarios per annum in secundâ dominicâ quadragesimæ reddendos, eo pacto ut unaquaque septimanâ duæ missæ celebrentur ibi pro fidelibus defunctis. Hubertus quoque de Sotavilla me concedente dedit ecclesiæ jam dictæ tenementum suum terræ Burgi Achardi, annuente Helisenda filia ejus; pro quo de karitate ecclesiæ centum solidos Rothomagensium habuit. Hæc omnia dona ego Rogerus de Bosco in perpetuam elemosinam prænominatæ ecclesiæ Sancti Laudi concedo omnino esse quieta ab auxiliis et talliis et servitiis meis et omnibus consuetudinibus, annuente Gallerano comite Mellenti, in cujus feodo et dominio prædicta ecclesia fundata est, et Mathilde uxore mea, et Willelmo filio meo, et Henrico fratre meo ; ipsis certe attestantibus, et mecum omnia confirmantibus [1].

1. Cart. de B. Ach. n° 1. Essayons d'établir la généalogie de la famille du Bosc d'après les notions nouvelles que nous fournit le Cartulaire de Bourg-Achard. Guillaume du Bosc vivait à la fin du onzième siècle ; il avait épousé Albenda, et avait eu de ce mariage trois enfants : Nivelon, Roger et Henri, « pro anima patris mei Willelmi et Albendæ matris meæ, » dit Roger du Bosc. Nivelon mourut avant 1142. Roger, premier du nom, fondateur du prieuré, épouse Mathilde ; son fils prend le nom de son grand-père Guillaume, « Mathilde uxore mea et Willelmo filio meo et Henrico fratre meo ipsis certe astantibus, » dit encore Roger du Bosc, dans la charte de fondation du prieuré de Bourg-Achard. Cart. de B. Ach., n° 1. On ne sait pas comment les seigneurs du Bosc devinrent seigneurs de Plasnes ; nous sommes donc autorisés à supposer, jusqu'à preuve contraire, que Mathilde, femme de Roger du Bosc, était héritière de la seigneurie de Plasnes. En effet, Guillaume, fils de Roger du Bosc, porte le nom de Guillaume de Plasnes. Ce Guillaume, que nous appellerons Guillaume II, mourut avant 1175 : « Confirmamus quæ in diebus filii nostri Willelmi de Planis ecclesiæ vestræ donata sunt. » Ch. de Rotrou en 1175. Le fils de Guillaume prit le nom de son grand-père Roger du Bosc. Ce sera Roger II : « Dilecti filii nostri Rogeri de Planis, filii Guillelmi de Planis assensum præbentes, ab eodem Rogero et patre ejus Willelmo, et ab avo ejus Rogero de Bosco vobis concessam et donatam....... ecclesiam sancti Laudi confirmamus. » Charte de Rotrou en 1175. Ce même Roger de Plasnes, vers 1184, donna l'église de Cure au prieuré de Bourg-Achard : « Willelmo filio meo primogenito præsente. » (Cart. B. Ach., n° 7). Robert, comte de Meulan, dressant, en 1189, le contrat de mariage de son fils Galeran avec Marguerite de Foügères, donne Brionne « præter feudum Rogerii de Planis. » (La Roque, *Hist. de la maison d'Harcourt*, t. III, p. 55). Roger de Plasnes dut mourir avant 1204, puisque sur les rôles anglais de la cour du Roi, antérieurs à la confiscation de 1204, on lit : « Essex : Briche et Estorpe, que fuerunt Rogeri de Planes, valent xxi lib. quas habet Ibertus de Karenci per dominum Regem » Stapleton, M. Rot., t. II, p. clxv.

Roger II de Plasnes eut deux fils, Guillaume III et Roger III. Le nom de Guillaume

La même année Hugues, archevêque de Rouen, prit en main le patronat et la défense du prieuré. Peu de temps après, Gale-

de Plasnes revient plusieurs fois dans les grands rôles de l'Échiquier de Normandie, en 1198 et 1203. Dans le compte de Henri Malblanc, on lit : « Idem reddit compotum de LXXI lib. V sol. II den. de exitu terre Willelmi de Planis, et de C lib. XLV lib. de ventâ boscorum ejusdem Willelmi. Summa CC lib. XVI lib. V sol. II den. In thesauro liberavit. Et quietus est. Idem reddit compotum de XV modiis XI sextariis I mina frumenti de exitu terre ejusdem Willelmi apud Planas. Et de V sextariis, quartario frumenti de terrâ ejusdem apud Burgum Achardi..... » (Stapleton, M. Rot., t. II, p. 459). En 1204 Guillaume III de Plasnes fut dépouillé de ses châteaux d'Estorp et de Briche, lorsque Jean sans Terre, répondant à la confiscation des biens possédés par les Anglais en Normandie, confisqua à son tour les biens possédés par les Normands en Angleterre. (Stapleton, M. Rot., t. II, p. CLXV). En 1207 il transigea avec le prieur et les chanoines de Bourg-Achard au sujet de la dîme du pain et des cens qui leur avaient été donnés par la charte de Roger du Bosc en 1142. « Testibus Rogerio de Planis fratre meo, Johanne de Bosco Benardi, Girardo de Torneio..... » (Cart. de B. Ach., n° 2). En 1208, aux assises tenues à Falaise, on jugea que Guillaume de Plasnes était responsable de la dot d'Ysabelle, sœur de Gadre de Dreux. (Mém. de la Soc. des Ant. de Norm., t. XV, p. 137). Guillaume de Plasnes figure encore aux assises tenues à Carentan en 1222. (Mém. de la Soc. des Antiq. de Norm., t. XV, p. 204).

Quant à Roger III de Plasnes, frère cadet de Guillaume, il paya en 1200 au roi Jean son seigneur 600 livres d'Angers, pour épouser la veuve de Richard de Reviers. Parmi les cautions de ladite dette, on remarque le comte de Meulan, le comte de Chester, Guillaume de Bouquetot, Guillaume de Thouberville, Guillaume de Mortemer. Roger III de Plasnes fut probablement fait prisonnier par Ph. Auguste, et conduit à Paris; car le roi Jean donna en 1203 « à son cher Guillaume de Plasnes » un prisonnier, Gui de Lacy, pour être échangé contre un frère de Guillaume, prisonnier du roi de France (Stapleton, M. Rot., t. II, p. CLXV.)

Quelques années après nous trouvons Richard, seigneur de Plasnes, qui doit être le fils de Guillaume III. (Cart. de B. Ach., n° 5.) En effet, en 1236, Richard, « dominus de Planis miles », donne une rente de 6 sous, assise sur un certain bâtiment, « in quodam thalamo », que Thomas Marguerie tenait de Jean de Mare dans sa *villa* du Bourg, « in villa mea de Burgo. » — Il confirma de plus toutes les donations de ses ancêtres pendant son séjour à Jérusalem en 1240 (Cart. de B. Ach., n° 3). Vers le milieu du treizième siècle, en 1245, paraît à Bourg-Achard Roger IV de Plasnes, chevalier (d'Hozier, reg. IV, n° IX, p. V, Quesnoy), qui doit être le père ou le grand-père d'Ameline du Bosc et de Plasnes. Ameline fit passer, par son mariage avec Guillaume Malet de Graville, la seigneurie de Bourg-Achard dans cette illustre maison. — Il est important de constater que le titre de la famille du Bosc est devenu par occasion la seigneurie de Plasnes, et n'a jamais été la seigneurie de Bourg-Achard; on ne trouve point de seigneurs de Bourg-Achard au douzième et au treizième siècle. — Comme, au seizième siècle, le chef-lieu de la baronnie de Bourg-Achard était situé sur la terre du Fay, et possédé par la famille du Fay, on pourrait croire, grâce à l'analogie du nom, que la famille du Fay tirait son origine de ce fief du Fay. Nous essayerons de prouver que ce serait une erreur.

Deux mots encore sur la famille du Bosc. Notre Cartulaire signale à Bourg-Achard

ran, comte de Meulan, suivant l'impulsion généreuse de l'illustre archevêque, exempta les nouveaux chanoines de tous les droits, péages, services, tailles et coutumes diverses, ordinairement perçus dans ces domaines, et leur donna le panage pour leurs porcs, l'herbage pour leurs bestiaux et le bois pour leur chauffage. Le fait est attesté par une charte du roi Henri II, roi d'Angleterre, et une bulle du pape Alexandre III [1].

Après avoir examiné les titres constitutifs de notre prieuré, ne pourrions-nous pas rechercher par quels motifs Roger du Bosc et Hugues d'Amiens introduisirent l'ordre de Saint-Augustin à Bourg-Achard [2]? Ce n'est pas sans raison qu'en moins d'un siècle l'ordre de Saint-Augustin fonda, dans le diocèse de Rouen, les prieurés de Gournai (vers 1100), de Sausseuse (1118), d'Eu (1119), du Mont aux Malades (1120), de Saint-Lo de Rouen (1132), de Bourg-Achard (1142), de Corneville (1143), de Saint-Laurent en Lions (1150), de la Madeleine de Rouen (1150), de Neufchâtel en Brai (1190), des Deux-Amants (1195), de Beaulieu (1200), d'Ouville l'Abbaye (1200). La lèpre était au douzième siècle une maladie générale, et je suis porté à croire que la nécessité d'organiser dans les campagnes et les villes des secours sanitaires et religieux aura décidé Roger du Bosc et Hugues d'Amiens à substituer des chanoines réguliers aux cha-

---

plusieurs personnages portant le nom et appartenant à la famille du Bosc : Raoul du Bosc, chanoine et prieur de Bourg-Achard vers 1184, ami et parent de Roger de Plasnes (Cart. de B. Ach., n° 4); Guillaume du Bosc, vers 1184 (Cart. de B. Ach., n° 4); Geoffroi du Bosc, vers 1209 (Cart. de B. Ach., n° 43); Jean du Bosc, qu'on trouve donnant, avant 1188, au prieuré de Bourg-Achard, une pièce de terre située entre Carsix près Bernai et le bois de Plasnes (d'Hozier, reg. iv. Du Quesnoy, n° 1) ; Jean du Bosc, chevalier en 1222 et 1234 (Cart. de B. Ach., n° 136 et 137); Guillaume du Bosc, chanoine en 1247 (Cart. de B. Ach., n° 133); Richard du Bosc (Cart. de Préaux, f° 75).

1. Cart. de B. Ach., n° 33. « Statuimus tam vos quam bona vestra sub patrocinio et defensione sanctæ Rothomagensis ecclesiæ retinere... Quatuor quoque præbendas quæ eidem Ecclesiæ pertinere noscuntur vobis in perpetuum possidendas confirmamus... Datum Rothomagi idibus octobris, anno ab incarnatione millesimo centesimo quadragesimo secundo, regnante rege Francorum Ludovico, principante in Normannia rege Anglorum Stephano, pontificatus vero nostri octavo. » — Cette dernière date est fausse. Dans une autre charte rendue la même année en faveur du prieuré de Corneville, Hugues dit : « Pontificatus vero nostri anno xiii. » En effet, Hugues avait été ordonné archevêque en 1130.

2. Cart. de B Ach., n° 22 et 47. Galeran mourut sous le froc en 1166, un an après l'archevêque Hugues d'Amiens.

noines séculiers. Notre cartulaire cite deux fois la léproserie de Bourg-Achard [1], et ces citations, quoique faites d'une manière incidente, suffisent pour justifier nos conjectures. Au village du Bosgouet, voisin de Bourg-Achard, mais beaucoup moins important, il y avait une léproserie à la fin du douzième siècle [2]; à Brestot, au Bourgthéroulde, à Pont-Audemer, partout [3].

Sortons du diocèse de Rouen et parcourons les diocèses voisins : de toutes parts s'élèvent des maladreries, à Corbie, à Saint-Omer, à Andeli, à Noyon, à Pontoise, à Falaise [4]. Arrêtons-nous un instant à Falaise. En 1127 un hôpital avait été créé aux portes même de Falaise, par Gonfroi de Falaise, Roger de Vitri et Geoffroi de Pierrefitte. Le succès couronna leurs efforts. Le nombre des clercs augmenta rapidement ; on construisit des dortoirs, des cuisines, une nouvelle église en l'honneur de S. Jean-Baptiste, et la communauté, prenant l'habit noir de S. Augustin, élut pour prieur Roger de Vitri [5]. Hugues semble avoir porté un intérêt particulier à ce nouveau prieuré : car il dressa, en 1143, un acte par lequel il unit dans une pieuse association les prieurés de Falaise et de Bourg-Achard, en donnant toutefois la prééminence et le droit de correction au prieur de Falaise. Si ce dernier ne parvenait pas à maintenir la discipline, l'archevêque devait intervenir, juger, punir, et rendre à chaque prieur le gouvernement de son prieuré. Quand les chanoines de Falaise se trouvaient à Bourg-Achard, ils devaient obéir au prieur de Bourg-Achard ; quand les chanoines de Bourg-Achard se trouvaient à Falaise, ils devaient obéir au prieur de Falaise [6]. Un pa-

---

1. Cart. de B. Ach., n° 148. « Pro terrâ quæ est sub domo leprosorum, » n° 121. « Ante leprosariam de Burgo Achardi. » — La plupart du temps les lépreux étaient logés dans des cabanes isolées les unes des autres, mais renfermées dans un même enclos. « Leprosariam, hoc est terram in quâ leprosorum constitutæ erant mansiones cum capellâ (*Annales de l'ordre de S. Benoît*, l. VI, p. 449). » Cependant à Bourg-Achard il semble que les lépreux aient vécu tous réunis dans une seule et unique maison. On voit dans le Registre des visites pastorales d'Eudes Rigaud que les restes de la table des chanoines leur étaient donnés.

2. Stapleton, M. Rot. Scac. Norm., 1196, t. II, p. 493. « Leprosis de Bosco Gouet, 30 sol. 6 den. de elemosina statuta. »

3. *Mém. de la Soc. des Ant. de Norm.*, 2ᵉ série, t. VII.

4. *Revue arch.*, t. XVI, p. 92 et suiv.

5. *Gallia christ.*, t. XI, p. 754.

6. Pommeraye, *Sanctæ Rothom. Eccles. Conc.*, p. 146.

reil acte d'association fut dressé entre les prieurés de Falaise et de Saint-Lo de Rouen [1] ; mais ces accords ne furent pas de longue durée. Après la mort de Geoffroi de Pierrefitte, qui avait succédé à Roger de Vitri, les chanoines de Saint-Jean abandonnèrent la règle de Saint-Augustin, se donnèrent à l'ordre de Prémontré et fondèrent une abbaye [2]. Hugues, en 1158, vit se dissoudre l'association qu'il avait formée, et le prieuré de Bourg-Achard rentra sous la direction de l'archevêque de Rouen.

L'épiscopat de Rotrou (1164-1183) fut une des époques les plus importantes de l'histoire du prieuré de Bourg-Achard. Des donations considérables de Robert, comte de Meulan, de Guillaume, comte d'Aumale, de Nicolas de la Londe, un arrangement intervenu entre les moines du Bec et les chanoines de Bourg-Achard, appelèrent sur notre prieuré, vers 1175, l'attention de l'archevêque Rotrou. Rotrou souscrivit en faveur du Bourg-Achard non-seulement plusieurs chartes en diverses occasions, mais une grande charte confirmative de tous les biens et de tous les droits du prieuré. Au même moment, ou peut-être quelque temps après, Henri II, roi d'Angleterre, vint donner à ces mêmes donations la sanction royale, comme une bulle d'Alexandre III leur donna, en 1181, la consécration papale.

Revenons un instant sur ces divers actes.

Le cartulaire de Bourg-Achard contient quatre actes émanés de Robert, comte de Meulan. Dans le premier, le comte Robert abandonne tous ses droits sur l'église de Bouquetot; dans le second et le troisième, il renouvelle les exemptions accordées par son père Galeran; dans le quatrième, il confirme une donation de Guillaume des Fontaines. Je suis porté à croire que la cession de l'église de Bouquetot a été faite, vers 1170, entre l'expédition que Robert fit en Sicile vers 1167 et la révolte de Henri Court-Mantel en 1174, tandis que les priviléges accordés par le comte Galeran ont été renouvelés par Robert après la paix de 1175, lorsque ce dernier rentra en possession de ses terres de Normandie saisies par le roi Henri II.

Rotrou constate ces donations dans une charte que nous allons reproduire en entier. La charte de Rotrou, la charte d'Henri II,

---

1. Pommeraye, *Hist. des archev. de Rouen*, p. 330.
2. *Gallia christ.*, t. XI, p. 754.

ou la bulle d'Alexandre III, se répètent et se complètent l'une par l'autre. La bulle d'Alexandre III est datée de 1181 et a été déjà publiée [1] ; la charte d'Henri II n'est pas datée ; la charte de Rotrou, antérieure de six années à la bulle et datée de 1175, résumera le progrès et l'état du prieuré de Bourg-Achard après trente-cinq années d'existence.

Rotroldus, Dei gratiâ Rothomagensis archiepiscopus, dilectis filiis suis Roberto priori et canonicis regularibus ecclesiæ Sancti Laudi de Burgo Achardi, tam præsentibus quam futuris, in perpetuum. Quoniam ad curæ pastoralis spectat officium statum sanctæ religionis in ecclesia Dei studiose confovere, omnique diligentiâ et ipsum et fidelium largitiones quibus sustentatur, ne in posterum à malignantibus possint infringi, imminui, infirmari, muniminum firmamentis roborare, statuimus, et vos, et ordinem vestrum, ac beneficia vobis collata sub patronatu et defensione sanctæ Rothomagensis ecclesiæ retinere, protegere, scriptoque præsenti communire. Exemplis igitur prædecessoris nostri bonæ memoriæ Hugonis archiepiscopi provocati, justisque vestris postulationibus, ac dilecti filii nostri Rogeri de Planis filii Guillelmi de Planis assensum præbentes, ab eodem Rogero et patre ejus Willelmo et ab avo ejus Rogero de Bosco vobis concessam et donatam, à prædicto Hugone archiepiscopo confirmatam, ecclesiam Sancti Laudi quæ est in Burgo Achardi cum omnibus pertinentiis ejus in perpetuam elemosinam, et nos vobis confirmamus, ut in eâ Deo perpetualiter serviatis et secundum regulam sancti Augustini ordinem canonicorum regularium tenentes, omni deinceps tempore permaneatis. Confirmamus etiam vobis decimam thelonei de Burgo Achardi, et molendinorum prædicti Rogeri de Bosco qui sunt apud Pontem Altou [2] : decimam quoque pasnagii, et omnium reddituum de Burgo Achardi, qui ad eumdem Rogerum pertinent, et decimam panis domus ejus apud eumdem Burgum [3], et virgultum quod est iuxta præfatam ecclesiam ; insuper et totam terram quæ est infra ambitum curiæ vestræ ; illas quoque trigenta acras terræ, et tres acras de bosco, quas Hugo primus prior vester vobis donavit, concessione Rogeri Gule de Maltre, et Marci filii ejus ; et ex alterâ parte

1. D'Hozier, reg. IV ; du Quesnoy, p. II, n. 1.

2. Voyez ci-dessous un arrangement intervenu entre Roger, abbé de Jumiéges, et le prieuré de B. Achard. Gr. Cart. de Jumièges, f° 77, n° 186.

3. Cette partie de la donation provoqua des réclamations de Guillaume III de Pla nes. Un accor 1 intervint en 1205. Cart. de B. Ach., n° 2.

quadragenta quatuor acras terræ, quæ descendebant ex parte matris
suæ; et terram quam Hubertus de Sotevilla habebat in parochia
vestra , quam tantum concessu filiæ suæ Helissent vobis concessit.
Quin etiam servitium et redditus illius terræ, quam Anfridus filius
Godovis tenebat de Waltero de Gloz [1], scilicet octo solidos et duos
denarios ex donatione ipsius Walteri; insuper et sex acras terræ quas
tenuit Radulphus Crepinus , de quibus redduntur vobis quatuor so-
lidi in Ascensione Domini. Nichilominus quoque vobis confirmamus quæ in diebus filii nostri Willelmi de Planis ecclesiæ vestræ
donata sunt : totam videlicet terram quæ est juxta virgultum vestrum,
cum tota mara et virgulto Picoti; et terram quam Hugo Bubulcus
habebat in mansione, et mansionem quæ erat in atrio, in quâ Julita
manebat; totumque jus quod clamabant in terrâ Walteri Sorel [2], Ni-
colaus et Willelmus, fratres ejus, de Kesneio [3], et Beatrix, mater eorum; et terram quam dedit vobis Willelmus Roussel [4], et tres vir-
gatas terræ , quas vobis dedit Restouridus , et quinque acras terræ
quas vobis dedit Willelmus filius Restoudi, quando Radulphus,
frater ejus, factus est canonicus, et quinque acras terræ quæ datæ
sunt cum Roberto de Quesneio, quando et ipse canonicus factus est,
et terram quam Ricardus de Bosco canonicus [5] dedit vobis, cum Radulpho filio ejus, quando idem Radulphus canonicus factus est; et
duas acras quas fratres Hugonis canonici dederunt ecclesiæ vestræ,
quando idem Hugo canonicus est factus; et tres acras quas frater
Ricardus secum misit quando frater effectus est. Præterea vobis confirmamus unam acram quam Gervasius de Bouquetot vobis dedit; et
unam acram quam ecclesiæ vestræ Robertus [6] et duo filii ejus Ma-

1. Glos-sur-Risle, arrondissement de Pont-Audemer, canton de Montfort.

2. La famille Sorel était assez nombreuse à Bourg-Achard. — Outre ce Gautier
Sorel, qui était allié à la famille du Quesnoy, nous connaissons Robert Sorel, et Gui,
fils de Robert (Cart. de B. Ach., n° 132). Ce n'est pas tout : au treizième siècle on
appelait une des portions du territoire de Bourg-Achard le Champ-Sorel (Campus
Sorel). La ferme du Champ-Sorel existe encore aujourd'hui.

3. D'Hozier a établi la généalogie de la famille du Quesnoy : nous aurons tout à
l'heure occasion de revenir sur cette généalogie. — Le Quesnoy était un ancien fief
de Bourg-Achard. Il est de nos jours une des dépendances de cette commune.

4. Les Roussel ont dû donner leur nom à un hameau de Bourg-Achard, qu'on
nomme la Roussellerie.

5. On voit que les meilleures familles du pays, les du Bosc, les Quesnoy, fournis-
saient des chanoines au nouveau prieuré.

6. Nous établirons ci-dessous la généalogie de la famille de Bouquetot au douzième
et au treizième siècle.

theus et Willelmus dederunt; unam minam siliginis quam dedit vobis Willelmus de Piencort [1] apud Bouquetot; et acram unam quam Hugo filius Roberti, et uxor ejus Agnes, et filia ejus Matildis vobis dederunt; et unam acram quam Radulphus Paganus et tres filii ejus Rogerus, Robertus, Gaufridus vobis dederunt; et unam acram quam Hugo vicecomes [2] vobis dedit cum una virgata ad mensuram, ut licentiam ei daremus accipiendi uxorem; et duas acras quas Tremburgus de Quesneio, et duo filii ejus Henricus et Willelmus dederunt vobis; et unam acram quam Rogerus de Fontanis et Willelmus filius ejus vobis dederunt; et virgatam unam quam tenebat sacerdos Robertus de Bosco Goet [3], quam Johannes de Bosco Goet concessit ecclesiæ vestræ; et domum unam quæ est in Burgo et mansuram quamdam quæ est inter cimeterium et furnum [4]; et terram quam Walterus de Ponte Autou, Robertus filius Baudri, Walterus Parent, Ricardus filius ejus et Osbertus de Lendino [5] super altare sancti Laudi miserunt. Insuper et confirmamus vobis tres acras terræ et virgatam unam quam Durandus de Londa [6] et Radulphus Traceportel gener ejus miserunt super altare ecclesiæ vestræ, cum Ricardo fratre ejusdem Durandi, quando idem Ricardus conversus factus est in domo vestra. Quam quidem terram Durandus in præsentia nostra ab omni exactione et consuetudine quietam et liberam vobis concessit in perpetuam elemosinam : hujus donationis testes adhibiti fuerunt Willelmus de Kesneio, Hugo Ferant, Radulphus de Kesneio, Johannes Estirhet, Ricardus Gandus, Durent frater ejus, Walterus Durent, Walterus Forester, et alii multi. Hiis et omnibus super addimus ex donatione nostrâ ecclesiam Sanctæ Mariæ et duas capellas ad eam pertinentes de Tubervilla [7], capellam videlicet sanctæ Trinitatis, et capellam sancti Audoeni cum omnibus pertinentiis earum quas vobis in perpetuam elemosinam confirmamus, salvo jure episcopali, et domum etiam unam apud Falesiam quam soror Basilida scilicet ecclesiæ vestræ dedit in perpetuam elemosinam ; molendinum quoque

1. Guillaume de Piencourt devait bientôt après céder au nouveau prieuré les droits d'avouerie et de présentation de l'église de Bouquetot (Cart. de B. Ach., n° 11).

2. Hugues le Vicomte est nommé comme témoin dans une charte de Guillaume de Piencourt (Cart. de B. Ach., n° 11).

3. Le Bosgouet, arr. de Pont-Audemer, cant. de Routot.

4. Le four banal qui appartenait aux seigneurs du Bosc et de Plasnes.

5. Le Landin, arr. de Pont-Audemer, cant. de Routot.

6. Saint-Ouen de la Londe, arr. de Bernai, cant. du Bourgtheroulde.

7. Voyez ci-dessous l'analyse des chartes concernant la donation des églises de Thouberville.

qui est apud Pontem Autou, quem habetis de monachis Gemmetici, cum molta hominum suorum de Ponte Autou, et aliis libertatibus quas vobis in carta sua confirmando concesserunt [1], ecclesiæ vestræ perpetuo confirmamus possidendas ; duas etiam acras quas dedit vobis Willelmus Capel et unam aliam ad ecclesiæ vestræ luminaria, et vigenti solidos Belvacensium, quos W. comes Albæ Marlæ annuatim solvendos ecclesiæ vestræ dedit in perpetuam elemosinam [2] ; nec non et quietudinem per totam terram comitis Mellenti de victu vestro et rebus vestris propriis, et pasnagium porcis vestris, et herbagium bestiis vestris, et boscum ad proprium ignem vestrum ; insuper et quietudinem de passagio et servitiis et auxiliis et talliis, et omnibus consuetudinibus, ut sitis in pace ipsi, et homines, et terræ vestræ, et quieti ab omni perturbatione [3]. Quam consuetudinem Rogerus de Bosco prior in sua terra quietam concessit et dedit, et Willelmus de Planis hoc ex parte sua concessit. Præterea quæcumque possessiones, et bona vobis collata sunt, vel in futurum liberalitate principum oblatione fidelium quibuscumque justis modis Domino propitiante adipisci poteritis, firma vobis et illibata permaneant, salvâ sanctæ Rothomagensis ec-

1. Le Cartulaire de Bourg-Achard donne un fragment de cette charte, que nous croyons devoir publier entière, d'après le grand Cartulaire de Jumiéges, fol. 77 r°, n° 186 : « Sciant omnes tam presentes quam futuri quod ego frater Rogerius Gemmeticensis abbas, cum assensu tocius conventus, concessi canonicis de Burgo Achardi sedem unam apud Pontem Altou ad constructionem molendini et moltam hominum nostrorum ipsius ville perpetuo possidendam pro centum solidis annuatim ab ipsis nobis reddendis : scilicet, quinquaginta solidos ad festum Sancti Remigii et quinquaginta prima die martii. Si autem homines nostri foris fecerint de molturâ, per justitiam nostram emendabitur. Si vero aliquis super hoc illos inquietaverit, nos quasi proprium nostrum defensabimus ; et prepositus noster habebit moltam suam quietam tantum de mensâ suâ. Si autem moluerit ad vendendum, inde reddet molturam. Et cum bussellus reparandus vel renovandus fuerit, per visionem monachi vel servientis nostri reformabitur. Prepositi nostri ejusdem ville, sicut sibi successerint, interpositione fidei vel juramento, securitatem facient canonicis quod moltam hominum nostrorum ejusdem ville facient eis habere, ita fideliter sicut nobis facerent si molendinum in dominio haberemus. Hec compositio tandiu durabit quandiu domus illorum nulli subjecta fuerit nisi tantum archiepiscopo Rothomagensi. Quod si in aliam subjectionem transierit, jam dictus molendinus ad nos revertetur. Ceterum ad portum nostrum de Gemmetico habebunt canonici passagium suum quietum, et homines eorum quando cum eis transierint. Si autem sine eis transierint, passagium dabunt. Hujus conventionis testes sunt ex parte nostra Robertus de Leuca, Rogerus filiolus, Robertus filius Odeline, Benedictus clericus regis ; et ex parte canonicorum, Marcus de Mara, Willelmus de Chaisneio, Hugo Ferrant, Willelmus Estore et Fulco de Castello. »

2. Cart. de B. Ach., n° 29 et 23.

3. Cart. de B. Ach., n° 24.

clesiæ justitià et reverentià. Nulli igitur hominum liceat ecclesiam vestram temere perturbare, aut ejus bona auferre, vel ablata retinere, aut aliquibus molestiis fatigare ; sed omnia integre conserventur vestris et eorum pro quorum sustentatione concessa sunt usibus profutura. Si quis autem hanc nostræ consuetudinis paginam sciens temerare præsumpserit, secundo tertiove commonitus, si non satisfactione congrua emendaverit, reum se divino judicio existere, et nostram et indignationem beatæ Dei genitricis Mariæ et beatorum apostolorum Petri et Pauli et beati Laudi et omnium sanctorum Dei pro perpetrata iniquitate incurrere cognoscat, atque in extremo examine districtæ ultioni subjaceat. Cunctis autem ecclesiæ vestræ et vobis jura servantibus sit pax Domini Nostri Jesu-Christi, quatenus et hic fructum bonæ actionis accipiant, et apud districtum judicem præmia æternæ pacis inveniant. Amen. Datum Rothomagi anno incarnationis Dominicæ millesimo centesimo septuagesimo quinto, regnante rege Francorum Ludovico, principante in Normannia rege Anglorum Henrico secundo et filio ejus Henrico tertio [1].

La bulle d'Alexandre III, donnée le 17 des kalendes de mai 1181, complète la série des actes qui ont fondé et organisé le prieuré de Bourg-Achard [2]. Après avoir consacré toutes les libéralités déjà confirmées par Hugues d'Amiens, Rotrou et Henri II, le pape ajoute : « Que personne n'ose exiger la dîme des terres que vous rendez à la culture, soit par vos propres mains, soit à vos frais, ou la dîme des animaux que vous nourrissez. Qu'il vous soit permis de recevoir en religion, et de retenir sans aucun obstacle, les clercs et les laïques qui veulent et qui peuvent librement se retirer du monde. Lorsqu'un interdit général aura été jeté sur la terre, qu'il vous soit encore permis, les portes closes, sans sonner les cloches, en chassant les excommuniés et les interdits, de célébrer les offices divins à voix basse. Pour les églises paroissiales que vous possédez, choisissez les prêtres et présentez-les à l'évèque du diocèse, afin que, s'il les juge capables, il leur confie la cure des âmes : car ceux-ci doivent répondre devant lui du spirituel et devant vous du temporel..... Nous voulons que la sépulture du lieu soit libre, et que per-

---

1. Cart. de B. Ach. n° 34.
2. D'Hozier, reg. IV; du Quesnoy, p. II, n° 1. — Cart. de B. Ach. n° 47.

sonne ne s'oppose à la volonté dernière et à la piété de ceux qui désireront être ensevelis en cet endroit, à moins qu'ils n'aient été excommuniés ou interdits : sauf le droit des églises qui auront les corps. À ta mort, ô prieur, ou à la mort d'un de tes successeurs, que personne ne soit placé à la tête du monastère par l'astuce ou par la violence : que les frères d'un commun accord, ou la partie des frères qui sont de bon conseil, fassent un choix suivant la crainte de Dieu et la règle de Saint-Augustin. »

II.

Nous avons découvert et suivi les origines du prieuré de Bourg-Achard. Essayons maintenant, tantôt à l'aide de notre cartulaire, tantôt avec le registre des visites pastorales d'Eudes Rigaud, d'en retracer l'histoire intérieure et d'en peindre au treizième siècle la situation matérielle et morale. Peut-être a-t-on remarqué, dans la grande charte de Rotrou, la confirmation de deux espèces de droits : les droits de patronage et les droits de propriété. Pour mettre un peu de clarté dans une question où les détails feraient aisément perdre de vue l'ensemble, nous allons examiner d'abord comment ont été constitués les droits de patronage sur les églises de Saint-Ouen et de la Trinité de Thouberville, de Sainte-Marie de Caumont, de Bouquetot, de Honguemare, de Saint-Paul de la Haie, de Cure, enfin sur la chapelle de Sainte-Marie dans la forêt du Neubourg. Ce point éclairci, nous verrons comment se sont formés peu à peu les revenus des chanoines, et nous dresserons le bilan de leur fortune.

Prenons d'abord le patronage des églises de Thouberville [1]. On désignait alors sous le nom de Thouberville un vaste territoire qui comprend aujourd'hui quatre paroisses. En 1175, l'année même où les chanoines de Bourg-Achard se firent donner par Rotrou une charte confirmant leurs biens et leurs droits, Nicolas de la Londe donna à l'église de Saint-Lo de Bourg-Achard le patronage des églises de Thouberville, c'est-à-dire de la Sainte-Trinité et de Saint-Ouen de Thouberville et de

---

1. La Trinité de Thouberville, Saint-Ouen de Thouberville, Sainte-Marie de Caumont, sont trois paroisses contiguës, voisines de Bourg-Achard, et situées dans le canton de Routot.

Sainte-Marie de Caumont [1]. Il fit cette donation pour le salut de son corps et de son âme, et pour les âmes de son père, Jean de la Londe [2], de sa mère Isabelle, et surtout pour l'entretien et le salut perpétuel de son frère aîné, Guillaume, chanoine de Bourg-Achard [3]. Il résigna ses droits entre les mains de Rotrou, avec le consentement de son frère Robert et de sa mère Isabelle. Rotrou confirma par un acte séparé [4]. Guillaume de la Londe le chanoine meurt ; on l'ensevelit avec honneur dans le chapitre de Bourg-Achard [5]; mais Nicolas grandit, et, comme il avait fait cette donation jeune encore, avant qu'il eût été créé chevalier [6], il suscite aux chanoines querelles et procès, et cherche à revenir sur sa donation. Gautier, archevêque de Rouen, intervient, et Nicolas de la Londe renonce à toutes ses prétentions [7]. Gautier constate les droits du prieuré de Bourg-Achard dans une charte de 1202 [8]. Quelques années après, le différend se re-

1. Cart. de B. Ach., n° 7. « Jus patronatus ecclesiarum Tubervillæ, ecclesiæ scilicet Sanctæ Trinitatis, et ecclesiæ Sanctæ Mariæ de Calido Monte, et ecclesiæ Sancti Odoeni et quicquid juris in eisdem ecclesiis habebam, vel habiturum me confidebam. »

2. Jean de la Londe est témoin dans une charte de Galeran, comte de Meulan, en faveur de Préaux, vers 1160. Cart. de Préaux, fol. 37, r°. Son fils Nicolas de la Londe est également témoin dans une convention entre Galeran et Henri du Neubourg. Cart. de Préaux, fol. 39, r°. Il figure en 1198 dans les grands rôles de l'Échiquier de Normandie comme bailli du pays entre Risle et Seine.

3. Cart. de B. Ach., n° 7. « Pro temporali sustentatione et perpetua salute Willelmi fratris mei primogeniti, qui in prænominata ecclesia Sancti Laudi in canonicali habitu diu conversatus est. » Voyez au n° 41.

4. Cart. de B. Ach., n° 37. Dans la copie de cet acte, nous lisons que Nicolas de la Londe aurait fait sa donation : « Ad sustentationem Willelmi filii sui infirmi. » Guillaume n'était pas le fils, mais le frère de Nicolas; Nicolas, en effet, critique sa donation, par ce motif qu'il l'a faite avant d'être reçu chevalier. — Voyez encore Cart. de B. Ach., n° 48, une bulle confirmative du pape Alexandre III.

5. Cart. de B. Ach., n° 7.

6. Cart. de B. Ach., n° 7. « Quia tunc temporis officii militaris nondum attigeram insignia. »

7. Cart. de B. Ach., n° 7. « Tam domini patris mei Walteri, Rothomagensis archiepiscopi, quam aliorum jurisperitorum fretus.. resignationem... iterato renovavi... testibus Roberto priore Sancti Laudi Rothomagensis, Nicolao de Rouvilla suppriore, Magistro Symone cancellario domini Rothomagensis, etc. »

8. Cart. de B. Ach., n° 35. « Nos autem paupertati dictorum canonicorum compatientes, videntes et honestatem et religionem eorum, donationem dictarum ecclesiarum à dicto Nicolao factam ratam habuimus, et dictas ecclesias dictis canonicis concessimus, et dedimus in proprios usus convertendas, salvo jure pontificali.... »

nouvelle, Il avait été convenu que les chanoines entreraient en possession à la mort d'un certain Philippe, qui tenait le service de l'église; or, ce Philippe étant mort après Nicolas de la Londe, Jean, fils de Nicolas[1], se mit violemment en possession de l'église de Sainte-Marie de Caumont. Les chanoines de porter leurs plaintes devant l'archevêque de Rouen; c'était en 1223[2]. Jean de la Londe fut condamné. Il ne parut pas cependant accepter franchement cette sentence; car c'est seulement en 1239 qu'il se désista de tous droits sur les églises ou chapelles, revenus, terres ou autres possessions qu'il avait prétendu avoir à Thouberville[3]. En 1290, Guillaume de Flavacourt, archevêque de Rouen, décida que le service divin serait fait et les sacrements administrés dans les deux églises de la Trinité et de Saint-Ouen, comme ils l'étaient déjà dans l'église de Caumont; mais que tous les habitants du territoire de Thouberville continueraient à être tenus de faire leurs pàques, et d'assister aux offices de la Pentecôte, de la Toussaint, de Noël et des fêtes de la Vierge dans l'église de Sainte-Marie de Caumont. Ainsi l'église de Caumont avait été primitivement l'église paroissiale : puis peu à peu se détachèrent les églises de Saint-Ouen et de la Trinité, qui prirent la place et le rang de paroisses. Le prieur de Bourg-Achard conserva le droit de présenter un chanoine régulier à ces trois cures. Enfin la paroisse de Caumont fut elle-même démembrée au dix-septième siècle, lorsqu'on érigea en cure la chapelle bâtie à la Bouille, pour le service des seigneurs de Mauni[4].

La bulle du pape Alexandre III confirme au prieuré de Bourg-Achard l'église de Bouquetot avec ses dépendances[5]. C'est donc avant 1181 que Guillaume de Piencourt et son fils Guillaume résignèrent entre les mains de Rotrou les droits d'avouerie et de présentation de l'église de Bouquetot[6]. Une charte de Robert,

---

Datum per manum magistri Symonis cancellarii Rothomagensis, anno incarnationis dominicæ millesimo ducentesimo secundo. »

1. Cart. de B. Ach., n° 101. « Johannes de Londa miles, filius Nicolai de Londa et Luciæ. »

2. Cart. de B. Ach., n° 104.

3. Cart. de B. Ach., n°s 9 et 10.

4. Toussaint Duplessis, *Descript. de la Haute Norm.*, t. II, p. 468 et 488 (Arch. du prieuré de Bourg-Achard).

5. Bouquetot, canton de Routot, arrondissement de Pont-Audemer.

6. Cart. de B. Ach., n° 47 : « Ecclesiam sancti Philiberti de Bouquetot, cum perti-

comte de Meulan, paraît avoir été accordée vers cette époque et
à cette occasion[1]. On peut remarquer que l'église de Bouquetot
n'appartenait pas à la famille de Bouquetot, et que le territoire
même de la paroisse de Bouquetot était, dès le douzième siècle,
divisé en plusieurs fiefs. Quant aux droits de patronage, ils ne
furent cédés que par Robert de Piencourt, petit-fils de Guillaume Ier de Piencourt, sur le conseil de son seigneur et ami,
Guillaume Malesmains[2], ce qui reporte la date de cette nouvelle
donation aux vingt premières années du treizième siècle. Les
grands rôles de l'échiquier de 1203 font mention d'un compte
rendu par le prieur de Bourg-Achard au sujet de l'église de Bouquetot[3]. Vers 1228 un procès s'engagea entre le prieuré de Bourg-
Achard et Nicolas Romain, qui prétendait tenir de sa femme des
droits dans le patronage de l'église de Bouquetot. Nicolas Romain saisit de sa plainte l'abbé de Sainte-Geneviève de Paris et
le cardinal de Saint-Ange ; ceux-ci, après s'être adjoint maître Arnoul, archidiacre de Rouen, et avant de passer à la discussion
des faits, posèrent les conditions dans lesquelles devait s'exercer
leur arbitrage. Les parties consentirent à jurer qu'elles accepte-
raient la sentence, quelle qu'elle fût ; elles s'engagèrent à fournir
toutes les pièces qui pourraient servir à fonder leurs droits dans
le patronage de ladite église ; elles reconnurent aux arbitres le
droit de retenir l'affaire dans le cas où Nicolas Romain ne par-
viendrait pas à faire prêter à sa femme et à son beau-frère le serment requis[4]. Le jugement fut rendu en mars 1228, « die sab-
bati proximâ ante dominicam quâ cantatur Oculi mei. » Le droit
du prieuré de Bourg-Achard fut reconnu ; mais une indemnité

nentiis suis. » Cart. de B. Ach., n° 11 : « Ego Willelmus de Piencort refutavi in
manu venerabilis Rotroldi, Rothomagensis archiepiscopi, advocationem et presenta-
tionem Ecclesiæ de Bouquetot et postea posui eamdem super altare sancti Laudi
de Burgo Achardi. »

1. Cart. de B. Ach., n° 25. Robert donne « quicquid juris habebam in Ecclesiâ
sancti Philiberti de Bouquetot... confirmo libertatem et quietantiam omnium consue-
tudinum per totam terram meam, et nominatim volo quod de parte terræ illius
quam tenent de feodo Marci de Mara quieti sint. »

2. Cart. de B. Ach., n° 11 et 12.

3. Stap. M. Rot., t. II, p. 494. « .... dus de Bosco Taon prior de Burgo Acardi,
reddit compotum de XII den. pro audiendo fine recognitionis inter ipsum et he-
redem Radulfi de Bardolfi Villa, de ecclesiâ de Bouketot, quam eidem prior per
recognitionem..... perandâ. In thesauro liberavit. Et quietus est. »

4. Cart. de B. Ach., n° 13 et 14.

de vingt-six livres parisis fut accordée aux demandeurs, « in
remedium expensarum et laborum quos inde sustinuerunt[1]. »

Comme les églises de Thouberville, de Sainte-Marie de Caumont et de Bouquetot, l'église de Honguemare[2] fut donnée au
prieuré de Bourg-Achard sous l'épiscopat de Rotrou. Nous avons
vu que l'église de Bouquetot n'appartenait pas au douzième siècle aux seigneurs de Bouquetot, mais à la famille de Piencourt.
De même l'église de Honguemare n'appartenait pas à la famille
de Honguemare[3], mais à la famille de la Rivière. C'est Philippe
de la Rivière qui cède à l'église de Bourg-Achard les droits d'a-
vouerie et de patronage de l'église de Sainte-Marie de Hougue-
mare[4]. La bulle d'Alexandre III cite « ecclesiam sanctæ Mariæ de
Honguemara[5]. » Dans les premières années du treizième siècle, le
prieur et les chanoines du Bourg-Achard intentent une action
contre Tridon, prêtre desservant de Barneville. Le territoire de
Barneville est contigu au territoire de Honguemare. Tridon
avait confisqué et prétendait retenir plusieurs paroissiens qui appartenaient à l'église de Honguemare et certains profits, gerbes,
dîmes, pains, deniers, qu'il percevait illégalement sur quelques
paroissiens de l'église Sainte-Marie de Caumont. Tridon, faisant
valoir la possession et des titres, se refusait à toute concession.
Le pape Innocent III désigna pour terminer le différend l'abbé
de Saint-Pierre sur Dive, le prieur et le sous-prieur de Sainte-
Barbe. Ce fut pourtant devant Guillaume, grand archidiacre de
Rouen, le prieur de Saint-Lo (de Rouen) et le doyen du Mesnil
que les parties consentirent à transiger. Le prieur et les chanoines de Bourg-Achard cédèrent à Tridon deux paroissiens
qu'ils avaient près de l'église de Barneville et lui payèrent
douze livres tournois pour ses peines et ses dépenses ; mais ils
recouvrèrent non-seulement tous les paroissiens de l'église de
Honguemare que Tridon retenait injustement sous son autorité,

1. Cart. de B. Ach., n. 13.

2. Honguemare, canton de Routot, arrondissement de Pont-Audemer.

3. Guillaume de Honguemare (de Hangemara) est témoin dans l'acte par lequel
Robert de Meulan, fils de Galeran, donne à Saint-Pierre de Préaux la permission de
pêcher dans la Risle. Cart. de Préaux, fol. 37, n° 71. Il est encore témoin dans un
accord conclu entre Galeran et Henri du Neubourg, Cart. de Préaux, fol. 39, n° 77.

4. Cart. de B. Ach., n° 16 : « Ego... Philippus de Ripariâ... dedi et concessi...
jus patronatus et quicquid juris habebam in ecclesiâ de Honguemarâ... quod quidem
in manu vestrâ dudum resignaveram...

5. Cart. de B. Ach., n° 47.

mais encore tous les profits, gerbes, pains, deniers et dimes
que ce dernier faisait enlever de l'autel de Sainte-Marie de
Caumont. Cette transaction fut confirmée par un serment que
prêta, en présence des arbitres et sur l'autel de l'église de
Sainte-Marie d'Ouville, d'une part Geoffroi du Bosc, prieur, et
Thomas, chanoine de Bourg-Achard, et de l'autre Tridon, prêtre
de Barneville [1]. L'abbé de Saint-Pierre sur Dive, le prieur et le
sous-prieur de Sainte-Barbe, confirmèrent, en vertu de la délégation apostolique, le compromis préparé et rédigé par l'archidiacre de Rouen, le prieur de Saint-Lo et le doyen du Mesnil.

Notre cartulaire ne donne pas la date de cette importante transaction ; mais deux chartes confirmatives, l'une de l'archevêque
Robert [2], l'autre de Guillaume, abbé du Bec, placent cette date
vers 1209. L'abbaye du Bec intervenait en vertu de la donation
que Guillaume Crespin lui avait faite en 1155 de la moitié de
l'église et de la dîme de Barneville. Elle confirma, en ce qui tou-
chait ses droits, la décision des délégués apostoliques, sous la

1. Cart. de B. Ach., n° 19.

2. Cart. de B. Ach., n° 21 : « ... Guillelmus Dei gratia abbas Beccensis, et ejusdem loci conventus..... Nos igitur supradictos parochianos, panes et denarios, et
omnimodas decimas, et omnia quæ sepedictus presbiter indebite, ut dicebatur, con-
tra canonicos detinebat, pietatis intuitu, quantum ad nos pertinet canonicis conce-
dimus..... Salvis domui nostræ de Santo Ymerio viginti solidis monetæ currentis
duobus terminis a canonicis annuatim reddendis : decem solidis ad festum sancti
Michaelis, et decem solidis ad festum sancti Albini; et hæc omnia..... capituli
nostri de communi assensu canonicis perpetue possidenda confirmamus. Sciendum
autem quod si prior et monachi Sancti Ymerii centum solidos a domino Willelmo de
Mortuomari infra limites parochiæ de Chaumont obtinuerint, de terris quas hujus com-
positionis tempore idem Willelmus in dominico habebat, et eam propriis sumptibus
coluerat, et duas garbas decimæ, et tertiam sibi retinebat. Si autem aliis eam colen-
dam tradiderint, ipsi duas, et canonici tertiam recipient. De terris autem post com-
positionem istam essertatis, canonici nullas decimas habebunt. Actum est hoc anno
incarnatione Domini millesimo ducentesimo nono. »

Le prieuré de Saint-Ymer appartenait à l'abbaye du Bec. Il était situé près de Pont
l'Évêque, dans le diocèse de Lisieux. Il avait été fondé dans la première moitié du
douzième siècle, par les donations de Hugues de Montfort et d'Arnoul, évêque de Lisieux. Dans les fragments du cartulaire de Saint-Ymer conservés à la bibliothèque
impériale, dans la collection Gaignières, n° 291, et dans le grand rôle de l'échiquier
de Normandie, on trouve mentionné fréquemment Guillaume de Mortemer. En 1202
il était bailli de Caux, et en 1203 du territoire situé entre la Risle et la Seine. Eudes
Rigaud cite plusieurs fois, dans le Registre de ses visites, le prieuré de Saint-Ymer.
En 1249, il y trouva onze moines ; en 1265, dix moines, dont neuf étaient prêtres. *Regestrum visit. Arch. Rothom.*, publié par M. Bonnin, Rouen, 1852, p. 61 et 593.

condition que le prieuré de Bourg-Achard payerait au prieuré de Saint-Ymer cent sous de rente annuelle [1].

C'est encore sous l'épiscopat de Rotrou que Henri du Neubourg, du consentement de sa femme Marguerite et de son fils Robert, donna au prieuré de Bourg-Achard le lieu dit de Sainte-Marie, dans la forêt du Neubourg, « locum Sanctæ Mariæ de forestâ meâ [2]. » Guillaume, évêque d'Évreux, confirma la donation dans ces termes : « super loco Sanctæ Mariæ qui est in forestâ ejusdem Henrici. » Il semble que cette donation n'avait pour objet qu'une portion de la forêt du Neubourg. Quelques années après, Robert du Neubourg, doyen de l'église de Rouen, auquel appartenait, en vertu d'une donation de son père, le droit de patronage et de présentation de tous les bénéfices ecclésiastiques de la terre du Neubourg, donna à Robert de Becquefort, prieur de Bourg-Achard, la chapelle de Sainte-Marie du Bois, « capellam Sanctæ Mariæ de Bosco [3]. » Le prieuré de Bourg-Achard avait donc successivement acquis, à la date de 1181, le territoire et la chapelle de Sainte-Marie. Le pape Alexandre III dit : « capellam Sanctæ Mariæ de forestâ Henrici de Novo Burgo [4]. » Gautier, archevêque de Rouen, intervint quelques années après pour confirmer au prieuré la possession du lieu de Sainte-Marie que lui avait déjà garanti une charte de Guillaume, évêque d'Évreux, et une bulle d'Alexandre III [5]. Dans la seconde moitié du treizième siècle, une discussion s'éleva entre le prieur de Bourg-Achard et les cohéritiers aux biens de la maison du Neubourg. Il s'agissait de savoir si le prieuré du Bourg-Achard avait droit d'usage, pour se chauffer et bâtir, dans la forêt du Neubourg. En 1279, les parties transigèrent; le droit du prieuré fut reconnu : mais l'exercice de ce droit fut soumis à la formalité d'une autorisation préalable.

La donation de l'église de Cure et de Saint-Paul de la Haie datent de l'épiscopat de Gautier (1184-1208). Roger de Plasnes,

---

1. Cart. de B. Ach., n° 43. La charte de Robert porte : « Datum per manum magistri Heberti de Andeleio, canonici Rothomagensis, apud sanctam Mariam de Prato juxta Rothomagum, anno gratiæ millesimo ducentesimo nono, in octavâ apostolorum Petri et Pauli. »

2. Cart. de B. Ach., n° 30.

3. Cart. de B. Ach., n° 31.

4. Cart. de B. Ach., n° 47.

5. Cart de B. Ach., n° 44.

petit-fils de Roger du Bosc, donna à l'église de Bourg-Achard
l'église de Saint-Pierre de Cure, avec la dîme de tout ce qui existait dans le domaine de Cure. Il déclara que sa libéralité avait
pour objet, d'une part, le salut de ses ancêtres et héritiers, et de
l'autre, la sûreté et le salut de son seigneur, le comte Jean, qui
lui avait donné ledit domaine de Cure. Comme Roger a soin de
constater l'amitié et la parenté qui l'unit à Raoul du Bosc,
chanoine et prieur de Saint-Lo de Bourg-Achard, on peut supposer que cette amitié et cette parenté n'ont pas été sans effet dans
la résolution prise par Roger de Plasnes. Cette donation, faite
à Londres et approuvée par Guillaume, fils aîné de Roger, fut
renouvelée en présence de nombreux témoins parmi lesquels no.is
remarquons l'archevêque Gautier, Robert, comte de Meulan,
Guillaume de Nehan, qui était alors maître de tout l'ordre du
Temple en Angleterre : « Qui tunc temporis erat magister Templi
totius Angliæ, » Guillaume de Chaumont, Robert de Cure, Guillaume du Bosc [1].

Les circonstances relatées dans cet acte permettent d'en fixer
la date; l'archevêque Gautier est témoin; l'acte a donc été dressé
entre 1184 et 1208. Jean, comte de Mortain, est Jean Sans-
Terre, puisque Jean reçut de son père Henri II le titre de comte
de Mortain et le conserva jusqu'à son avénement au trône ; ce
qui place notre charte entre les années 1184 et 1199. En outre
ces mots, « le comte Jean, fils du roi Henri, » permettent de
supposer que le roi Henri II existait encore, et, par conséquent,
reculent définitivement la donation entre les années 1184 et
1189. Jean, comte de Mortain, confirma, dans un acte séparé,
la donation de l'église de Cure [2].

Gautier donna une sanction nouvelle aux droits du prieuré sur
les églises de Thouberville, de Bouquetot et de Honguemare.
Comme cette charte ne parle pas de l'église de Saint-Paul de la
Haie, elle a dû nécessairement précéder l'acte par lequel Pierre
de Bouquetot, fils de Mathieu de Bouquetot, et seigneur du Mesnil, cède le patronage de cette église au prieuré de Bourg-

---

1. Cart. de B. Ach., n° 4.

2. Cart. de B. Ach., n° 5. L'église de Cure devait être située en Angleterre... dans
le comté d'Essex, où la famille de Plasnes avait des biens considérables. (*Mém. de
la soc. des ant. de Norm.*, t. XV, p. 132.)

Achard[1]. On doit, en outre, remarquer que la bulle de 1181, souscrite par le pape Alexandre, ne parle que des donations de Robert de Bouquetot et de ses fils Mathieu et Guillaume; que Pierre de Bouquetot est cité dans le grand rôle de l'échiquier de Normandie à la date de 1198, et que Gautier confirma par un acte spécial la donation du patronage de Saint-Paul de la Haie[2]. Il faut donc dater cette donation de la fin du douzième siècle et de l'épiscopat de Gautier. Raoul de Bouquetot, chevalier, confirma un peu plus tard les libéralités de sa famille, abandonna les droits qu'il avait dans le patronage de l'église de Bouquetot, et donna ensuite douze sous de rente annuelle que devaient payer Marc et les héritiers de Marc, ou, à leur défaut, ses propres héritiers[3].

Le prieuré de Bourg-Achard, qui se trouvait, d'après le pouillé d'Eudes Rigaud, dans le doyenné de Pont-Audemer et dans le grand archidiaconé de Rouen, possédait donc l'église de Saint-Lo de Bourg-Achard, de Saint-Philibert de Bouquetot, de Saint-Paul de la Haie, de la Bienheureuse Marie de Honguemare : « Ecclesia Sancti Laudi, Bouquetot, Sanctus Paulus, Hanguemara, cedunt in usus prioris et fratrum de Burgo Achardi, et deservitur ibi per eosdem fratres[4]. » Dans un autre passage, Eudes Rigaud cite les églises de Thouberville, c'est-à-dire de Saint-Ouen et de la Sainte-Trinité de Thouberville, et l'église de Sainte-Marie de Caumont : « Apud Tubervillam, tres ecclesie, videlicet ecclesia Sancte Marie, ecclesia Sancte Trinitatis, capella Sancti Audoeni, prior de Burgo Achardi patronus. Cedunt proventus in usus fratrum[5]. » Les églises de Thouberville ne faisaient pas partie du doyenné de Pont-Audemer, comme le Bourg-Achard, mais du doyenné du Bourgthéroulde. En janvier 1249, Eudes Rigaud constate que sept chanoines étaient absents et occupaient les susdites églises ou prieurés. Il n'est, dit-il en février 1254[6], qu'un seul chanoine dans chaque prieuré : nous avons enjoint

1. Cart. de B. Ach., n° 4 : « Ex dono Roberti de Bouquetot, et Mathei, et Willelmi, filiorum ejus, unam acram.... »
2. Cart. de B. Ach., n° 40.
3. Cart. de B. Ach., n. 18.
4. Pouillé d'Eudes Rigaud, Bibl. imp. sup. lat. 718, fol. 17.
5. Id., fol. 9.
6. Bonnin, *Reg. visit. arch. Roth.*, Rouen, 1842, in-4°, p. 58.

au prieur de donner un compagnon à chacun des chanoines ou de rappeler ce dernier au cloître [1]. En 1263 et en 1265, neuf chanoines administraient les églises dépendantes du prieuré de Bourg-Achard. En 1267 Eudes Rigaud recommanda au prieur de visiter plus souvent ses chanoines, surtout, dit-il, ceux qui sont dans la solitude, « apud heremum [2]. » Peut-être Eudes Rigaud fait-il allusion à la chapelle de Sainte-Marie, qui était située dans la forêt du Neubourg.

La grande charte souscrite en 1175, par Rotrou, archevêque de Rouen, résume les donations qui servirent de base à la fortune immobilière et mobilière de Bourg-Achard. Prenons maintenant le cadre que la topographie nous offre, et dans ce cadre plaçons à leur date les principaux actes qui modifièrent cette fortune depuis 1175 jusqu'à 1250 [3].

BOURG-ACHARD. Nous avons publié la charte dans laquelle Roger du Bosc donna au prieuré, en 1142, des terres pour l'entretien des chanoines, des terres pour le luminaire de l'église, les dîmes du tonlieu, du pain et des cens qui lui appartenaient à Bourg-Achard, Cart. de B. Ach., n° 1 [4]. Guillaume de Plasnes, fils de Roger de Plasnes et arrière-petit-fils de Roger du Bosc, éleva, au commencement du treizième siècle, quelques difficultés au sujet de ces dîmes. Le pape Innocent III nomma des arbitres qui imposèrent aux parties, en 1207, la transaction suivante. Guillaume de Plasnes reprit la jouissance des dîmes de son pain et de ses revenus à Bourg-Achard, et céda en échange quatre acres de terre, n° 2.

En 1240, Richard de Plasnes, chevalier, confirma, pendant son séjour en terre sainte, les donations de ses ancêtres, n° 3.

Raoul de Flancourt [5] donne à l'église de Saint-Lô, de Bourg-Achard, six acres de terre qu'il possédait en divers lieux [6], près

---

1. Id., p. 201.

2. Id. p. 585.

3. Comme la copie de notre cartulaire laisse souvent à désirer, nous avons volontairement négligé un certain nombre de chartes qu'il était difficile de classer au point de vue topographique.

4. Les n°⁵ placés à la suite de chaque analyse correspondent au n° de la charte dans notre cartulaire.

5. « Radulphus de Frollencort. » Flancourt, commune voisine de Bourg-Achard, canton de Routot.

6. Les six acres de terre comprises dans la donation paraissent avoir été situées à Bourg-Achard, Flancourt et le Bos-Bénard-Crescy, communes voisines.

de la maison de Robert du Fay [3]. Ledit Robert cultivait cette terre et partageait les fruits avec Raoul de Flancourt. Raoul donna en outre un certain Aufroi, son homme lige, avec tous les droits et avantages qu'il en retirait; Raoul et ses fils firent cette donation pour leur salut et celui de Baudri de Flancourt, leur fils et frère, qui avait été reçu chanoine, n° 144. Gautier et

3. Cette charte mérite de fixer un instant notre attention. Comme la famille du Fay a possédé la seigneurie et la baronnie de Bourg-Achard, et que le chef-lieu de cette baronnie était assis à la terre du Fay, on pourrait croire que la terre du Fay était, dès le treizième siècle, un des fiefs de Bourg-Achard, et que la famille du Fay avait emprunté son nom à ce fief. Il n'en est rien. La famille du Fay, l'une des plus anciennes de Normandie, tirait son origine et sa noblesse de la possession d'un autre fief du Fay situé dans les paroisses de Saint-Ouen des Champs et de Saint-Thurion, à quelques lieues de Bourg-Achard. C'est au milieu du seizième siècle, et par le mariage d'un Jean du Fay avec Anne du Moncel, que les du Fay vinrent s'établir à Bourg-Achard. C'est en 1624 que le Bourg-Achard fut érigé en baronnie, et que le chef-lieu de cette baronnie fut placé à la terre du Fay. — La Roque, *Hist. gén. des maisons nobles de la prov. de Normandie*, 1er vol., lettre F, *Fay ;* et Canel, *Essai sur l'arrond. de Pont-Audemer*, t. II, p. 141.

De ce qu'un fief du Fay était assis à Saint-Ouen des Champs, il ne s'ensuit pas qu'à Bourg-Achard, une partie du territoire ne s'appelât pas, dès le treizième siècle, le Fay, c'est-à-dire, le Hêtre, le lieu où croissent les hêtres. Nous avons retrouvé dans notre cartulaire les noms de presque tous les lieux dits de Bourg-Achard. Ainsi : *Haute-Crotte*, « apud Have Crotte, » lisez Alte-Crotte. C. de B. Ach., n° 61 et 70. — *Le Quesnoy*, « ego Robertus Abbas de Caisneio concedo... de feodo meo Caisneii. » D'Hozier, reg. IV, p. III. « Robertus de Quesneio laïcus, de parrochia de Burgo Achardi. » D'Hozier, reg. IV, p. VI, n° 13. « De dimidiâ acrâ terræ quam tenebat.... in dictâ parrochiâ inter terram Mathei de Fossis et feodum meum. » Ch. de Robert du Quesnoy (1244) ; D'Hozier, p. VI, n° 13. — *La Roussellerie*, « terram quam dedit vobis Willelmus Roussel. » C. de B. Ach., n° 34. — *Les Vallées :* « Robertus de Valle, miles, » donne « medietatem terræ quæ dicitur campus Catel. » C. de B. Ach., n° 53 — *Le Buc :* « Ricardus dictus Buc » donne « unam acram terræ in campo dicto Forsjy. » C. de B. Ach., n° 61. — *Le Camp Sorel :* les Sorel habitaient le Bourg-Achard dès 1175 ; « in terrâ Walteri Sorel. » C. de B. Ach., n° 34. Jean de la Mare donne « totam terram et boscum de Campis Sorel. » (C. de B. Ach., n° 61). « In campis Sorel, » C. de B. Ach., n° 107. — *La Grégerie :* le cartulaire mentionne en plusieurs occasions la famille des Legregi (en 1238, C. de B. Ach., n° 132; et en 1240, C. de B. Ach., n° 78). — *Le Fay*, « Robertus de Fayo. » (C. de B. Ach., n° 144). — Ajoutons que Jean de Courcy fonda en 1403, sur le territoire de Bourg-Achard, une chapelle de Saint-Gilles du Fay, dit Toussaint-Duplessis, que les chanoines de Bourg-Achard devaient desservir : ce qui prouverait que le Fay s'appelait le Fay avant l'arrivée de la famille du Fay. Il n'est pas probable que Jean de Courcy y eût fondé une chapelle, si un établissement rural ou féodal n'y avait pas existé précédemment.

Avant de quitter notre Robert du Fay, nous remarquerons qu'il était simplement métayer : « Quam videlicet terram jamdictus Robertus de Fayo tunc temporis.... colebat ad medietatem fructuum percipiendorum inter me et ipsum, in quâ idem nihil

Robert de Flancourt, par un acte séparé, confirmèrent la donation de leur père, et s'en portèrent garants. Deux acres appartenaient à Gautier du fief de son haubert, et quatre acres à Robert, du fief du Bosc-Bénard [1]. Le prieur et le bailli du prieuré de Bourg-Achard devaient fournir aux chanoines un repas de cinq sous (*unam pilantiam*), le jour de l'anniversaire de la mort de Raoul de Flancourt [2], n° 149.

Richard de Bardouville [3], du consentement de Jean, son fils aîné, fait la donation suivante : en tête de la couture des chanoines, laquelle couture relève du fief de Guillaume des Fontaines, se trouvaient, au delà de la haie de Gautier Parent, deux acres de terre qui lui rapportaient une rente annuelle de deux sous et demi; un tiers de cette rente était dû par Robert, fils de Guillaume des Fontaines, et par les héritiers dudit Guillaume, les deux autres tiers par les chanoines. Richard de Bardouville remit aux chanoines les deux tiers de la rente qu'ils lui payaient et les substitua pour l'autre tiers dans ses droits contre les héritiers de Robert et de Guillaume des Fontaines [4]. Sans date, n° 91.

Un des fils de Richard de Bardouville, Geoffroi dit le Doyen,

hereditarii habebat. » Cart. de B. Ach., n° 144. — La donation de Dunelme de Pont-Audemer, que nous avons déjà citée, faisait éga'ement mention d'un métayer « in villâ de Bosco Achardi ». M. Delisle, dans ses Études sur la condition de la classe agricole en Normandie, p. 50, dit que les métairies n'étaient pas très-commures en Normandie, et qu'elles désignent probablement les mêmes tenures que les tenures à moitié. Les exemples qu'il cite sont empruntés aux cartulaires des abbayes de Saint-Wandrille et de Saint-Georges de Bocherville, toutes deux voisines de Bourg-Achard.

1. Il y avait deux paroisses : le Bos-Pénard-Crescy et le Bos-Bénard-Commin. Je pense qu'il s'agit du Bos-Bénard-Crescy, paroisse contiguë à Flancourt.

2. Cart. de B. Ach., n° 149. Ces deux chartes sont sans date; mais nous croyons devoir les reporter aux premières années du treizième siècle, parce que Robert de Flancourt est cité comme témoin dans la donation que Raoul de Montgommery fit de son moulin de Rokemont à l'abbaye de Bernai, en 1210.

3. Bardouville, canton de Duclair, arrond. de Rouen.

4. Deux mots sur la famille de Bardouville dont il est souvent question dans notre cartulaire. Richard de Bardouville est le chef de la famille et le père de Jean, Geoffroi, Guillaume et Henri de Bardouville : 1° Jean de Bardouville était l'aîné. Cart. de B. Ach., n° 91. — 2° Geoffroi de Bardouville dit le Doyen. Cart. de B. Ach., n° 79. — 3° Guillaume de Bardouville, chevalier. Cart. de B. Ach., n° 94. Il avait épousé Alice d'Épreville et en eut deux fils, Raoul et Pierre. — Donation de Raoul de Bardouville. Cart. de B. Ach., n° 83. — Donation et échange de Pierre de Bardouville. Cart. de B. Ach., n° 103.—4° Enfin Henri de Bardouville, prêtre. Cart. de B. Ach., n° 102.

donne, du consentement de sa mère et de son frère Jean, une rente de sept sous de monnaie courante que lui devait Reinoud Lesort pour deux acres de terre, puis un certain nombre de redevances. Les donateurs reçoivent du prieur et des chanoines un cheval blanc harnaché et sellé, plus quinze sous tournois, nᵒ 79.

1223. Guillaume Fret, bourgeois de Rouen, donne une rente annuelle de quatorze sous de monnaie courante, due par Geoffroi Flament, à raison d'une masure située à Bourg-Achard, près de la maison de Jean de la Mare, et dépendante du fief de Roger de Plasnes, une demi-acre de terre qui relevait de l'aumône des hospitaliers de Jérusalem, enfin une demi-acre de terre qui relevait du fief de Silvestre de Alis, nᵒ 130.

Hugues du Quesnoy cède une rente de 20 sous tournois payables par Richard Frameri et ses héritiers. Les témoins, Robert du Quesnoy, Jean de la Mare, Pierre de Rouen. D'Hozier, Arm. gén. reg. IV, p. III, nᵒ 5.

1229. Robert du Quesnoy donne : 1ᵒ une rente annuelle de douze sous, à prendre sur le tènement tenu par Richard Frameri; 2ᵒ une vergée de terre située dans le champ Gérout, et louée trois sous, nᵒ 58.

1231. Robert Héfel, Béatrix, sa femme, Guillaume, Michel et Pierre, leurs fils, vendent une rente annuelle de douze sous, moyennant cent sous tournois payés comptant. Cette rente devait être prise sur deux masures situées à Bourg-Achard « in vico de Burgo-Achardi » et sur une pièce de terre située dans la paroisse de Honguemare. Cette charte fut dressée devant le doyen et le chapitre de Rouen, en juin 1231, après la mort de Thibaud d'Amiens et avant la nomination de Maurice « sede Rothomagensi vacante », nᵒ 112.

1232. Devant l'official de Rouen, Robert du Bequet et Émeline, sa mère, reconnurent avoir reçu du prieuré de Bourg-Achard la somme de sept livres tournois et demie, pour la remise de toute la terre qu'ils tenaient du prieur et du couvent, dans les champs Sorel [1], nᵒ 107.

1233. Raoul Legregi, confrère et associé aux biens spirituels de l'église de Saint-Lô de Bourg-Achard, donne une rente annuelle de six sous et six deniers de monnaie courante. Dans cette

---

1. Le Champ-Sorel, hameau de Bourg-Achard.

charte, il est parlé du fief d'Aubri de Jumiéges situé à Hauville [1], n° 57.

1230-1236. Jean de la Marc donne une rente annuelle de six sous que Thomas Marguerie lui devait à raison d'un bâtiment situé à Bourg-Achard entre la maison de Gilbert Passebosc et la maison de Robert le Court. Richard, seigneur de Plasnes et de Bourg-Achard, confirma cette charte en 1236 « in villâ meâ de Burgo », dit-il, n° 6.

1238. Raoul Legregi donne d'abord une pièce de terre située entre la terre de Gilbert de la Haie, chevalier, et la terre des chanoines, n° 66. Thomas Legregi, son fils, confirme ces donations la même année devant l'official de Rouen, n° 101 [2].

1239. Béatrix reconnaît, en présence de son mari Guillaume Boiste, avoir vendu une pièce de terre entre le jardin du prieuré, la terre de Thomas Tyhart et le mur des chanoines, n° 114.

1241. Robert du Quesnoy, dit l'Abbé, donne une acre de terre, située en haut de la terre de Godefroi du Quesnoy et près de la terre de Robert du Quesnoy, son fils aîné. Cette acre de terre est voisine de la terre des chanoines. Parmi les témoins, Hugue, dit le Roi, dame Ive, sa femme, Robert, dit l'Abbé, et son fils Robert, n° 59 [3].

Pierre le Fèvre et Simon Hamelin, du consentement de leurs femmes, confirment la donation d'un revenu annuel de deux setiers de froment, à la mesure de Bourg-Achard, n° 60.

Guillaume, dit Porcel, reconnaît devoir aux religieux une rente annuelle de douze deniers pour une pièce de terre située dans la paroisse de Bourg-Achard, au lieu dit le Val de Restoud, n° 110.

1242. Guillaume Restoud confirme la donation de la terre qui dépend de son fief, et que son frère Raoul, chanoine, avait donnée au prieuré. Plus tard, Raoul devint prieur, et donna deux acres de terre du même fief, lorsque les chanoines de Bourg-Achard l'associèrent ainsi que sa femme aux biens spirituels du prieuré. Ces actes furent confirmés par Remi, fils aîné et héritier de Guillaume, n° 71.

---

1. Hauville en Roumois, cant. de Routot.

2. D'Hozier, *Arm. de France,* reg. IV, p. v, art. xi. Voy. une charte concernant Raoul Legregi.

3. Cette charte a été publiée par d'Hozier, *Armorial de France,* reg. IV, généalogie du Quesnoy, p. 5, art. xii.

1244. Robert du Quesnoy, laïque, de la paroisse de Bourg-Achard, reconnut, devant l'official de Rouen, avoir vendu une certaine pièce de terre, située entre la terre du prieuré et la terre de Pierre Taupin. Il reconnut, en outre, avoir cédé une rente annuelle de huit sous de monnaie courante, payable par Robert Laurent de Flancourt. Ce dernier tenait de lui une demi-acre de terre située dans la paroisse de Bourg-Achard, entre la terre de Mathieu des Fossés et le fief dudit Robert. — Cet acte fut confirmé devant l'official de Rouen, au mois de novembre de la même année [1], n° 67 et 109.

1246. Thomas Legregi, de la paroisse de Bourg-Achard, vend, pour douze livres tournois, une rente annuelle de trente sous, payable à la Saint-Michel, n° 54. — Vente confirmée la même année au mois de février devant l'official de Rouen, n° 102.

La famille du Quesnoy fit encore plusieurs donations au prieuré dans la seconde moitié du treizième siècle. En 1260, Robert donna une rente de 4 sous [2], et en 1268, une rente de 12 sous [3]. Philippine du Quesnoy, en 1262, une pièce de terre sise dans la paroisse de Bourg-Achard.

Les chanoines de Bourg-Achard regardaient leur prieuré comme chef-lieu d'un fief, qu'ils appelaient fief de l'Aumône [4]. Dans deux chartes du treizième siècle, on parle du fief des chanoines : mais, dans presque toutes, il s'agit de la terre ou de la couture des chanoines. Ils fondaient leurs prétentions sur un aveu de 1382 et sur d'autres titres que nous avons vainement cherchés. Procès et jugement intervinrent, à ce sujet, entre le seigneur de la paroisse et le prieuré. On jugea, le 9 avril 1727, « que le seigneur de Bourg-Achard, leur fondateur, n'ayant pu, de son autorité privée, diviser son fief, n'avait donné ni pu donner que des rotures [5]. »

Bouquetot [6]. Rappelons d'abord les donations faites avant

---

1. Cette charte a été publiée par d'Hozier, reg. IV, p. VI, n° XIII.

2. D'Hozier, *Armorial gén.*, reg. IV, p. VI.

3. D'Hozier, reg. IV, p. VII.

4. Cart. de B. Ach., n° 130 : « De dimidiâ acrâ terræ, quæ est de elemosinâ hospitalium Jerosolimitanorum. »

5. Canel, *Essai sur l'arrond. de Pont-Audemer*, t. II, p. 150.

6. Bouquetot, canton de Routot. Nous allons essayer d'éclaircir une question restée jusqu'à présent obscure : je veux parler de la généalogie des seigneurs de Bouquetot. — Dans la charte de 1175 donnée par l'archevêque de Rouen Rotrou, nous voyons que Robert de Bouquetot et ses deux fils avaient donné, vers le milieu

1175 : une acre de terre par Gervais de Bouquetot ; une acre de terre par Robert et ses deux fils, Mathieu et Guillaume ; une

du douzième siècle, au prieuré de Bourg-Achard une acre de terre sise à Bouquetot. Les deux fils de Robert s'appelaient : Mathieu et Guillaume. Les généalogistes se sont donc trompés lorsqu'ils ont prétendu que Mathieu et Guillaume de Bouquetot étaient fils de Gautier de Brionne. Guillaume de Bouquetot vivait encore en 1198 ; le rôle de l'échiquier de 1198 porte : « Willelmus de Bouketot 27 lib. 10 sol. pro se 5 milite pro eodem. » Quant à Mathieu, il paraît avoir été un des plus fidèles compagnons de Robert, comte de Meulan. Dans une charte de Robert de Meulan en faveur de Jumiéges (1178), on trouve parmi les témoins « Matheus de Bochetot, Willelmus frater ejus ». (Cart. de Jumiéges, n° 57.) Dans une autre charte de Robert de Meulan en faveur de Gautier de Feuguerolles, Mathieu figure encore comme témoin. Le cartulaire de la Sainte-Trinité de Beaumont le nomme « Matheus de Bochetot ». Fol. cxxiv r°. Le cartulaire de Préaux, « Matheus de Boquetot ». Fol. 44. Mathieu épousa Emma, qui avait eu d'un premier mariage un fils, Guillaume de Barneville. De ce mariage naquirent quatre fils : Pierre, Raoul, Robert et Nicolas. Ces faits sont consignés dans plusieurs chartes. Lorsque Pierre de Bouquetot, « filius Mathei et dominus de Mesnil », donna à l'église et au prieuré de Bourg-Achard le patronage de l'église de Saint-Paul de la Haie, il ajouta : « Pro salute fratrum meorum Radulphi et Roberti militis et Willelmi de Barnevillâ, et pro salute patris mei Mathei, et matris meæ Emmæ et patrui mei Willelmi de Bouquetot, et Nicolai, fratris mei, et omnium antecessorum, amicorum et heredum meorum. » Cart. de B. Ach., n° 17. Pierre est cité par le grand rôle de 1184 en ces termes : « Petrus de Boketot reddit compotum de xx libris pro eodem (pro plegio Ricardi filii Landrici). »

Raoul de Bouquetot, frère de Pierre et fils de Mathieu, confirma la donation du patronage de Saint-Paul de la Haie et d'une acre de terre sise dans la paroisse de Bourg-Achard, « quam dudum donavit Robertus de Bouquetot, avus meus, sæpedictæ ecclesiæ. » Cart. de B. Ach., n° 18. Il paraît comme témoin dans une charte de Guillaume de Barneville : « Hanc donationem fecit mater mea sæpedictæ ecclesiæ me et Radulpho de Bouquetot, milite, fratre meo, præsentibus. » Cart. de B. Ach., n° 157. Enfin, en 1226, il donne une terre « quæ sita est in Campo Dolenti. » Cart. de B. Ach., n° 84. Il signe comme témoin une charte de Guillaume « le Poigneor », chevalier. D'Hozier, reg. IV, p. III, n° 3.

Robert est cité dans les grands rôles de l'échiquier de 1203 : « Robertus de Boketot reddit compotum de quatuor libris, decem solidis, decem denariis, pro plegio Willelmi Espée. » Raoul et Robert sont qualifiés de chevaliers

Quant à Guillaume de Barneville, il est cité dans deux actes de notre cartulaire, n°s 157 et 161. Il donne aux chanoines une terre située à Bouquetot, et appelée « campus de Maretos. » Ceux-ci lui rendent, de la charité de la maison, trente sous tournois. Guillaume confirme en outre, en présence de Raoul de Bouquetot, son frère, la donation d'une acre de terre située dans la paroisse de Sainte-Marie de Honguemare, en un lieu appelé le Géroudent, laquelle acre de terre faisait partie du *maritagium* de sa mère Emma.

Nous trouvons au treizième siècle plusieurs personnages qui portent le nom de Bouquetot. Les uns font partie, les autres ne font pas partie de la famille de Bouquetot. Pierre de Bouquetot, chevalier, donne, en 1246, un setier de froment à la mesure de Bouquetot. Est-ce le même Pierre de Bouquetot que citent les rôles de 1184 ? Cela

mine de froment, que Guillaume de Piencourt avait droit de percevoir à Bouquetot.

1220. Richard Levavasseur, fils de Guillaume Levavasseur, donne une vergée de terre qu'il possédait à Bouquetot, entre la maison de Durand Cabot, et la maison de Toustain de Feugré, n° 95. — En 1232, le prieur et le couvent de Bourg-Achard citent devant l'official de Rouen Gautier Levavasseur, frère de Richard, et lui réclament ladite vergée de terre. Gautier fait défaut. Le procès suit son cours. Les chartes sont examinées, les témoins entendus, l'interrogatoire soutenu. Gautier est condamné à restituer ladite vergée de terre et, en outre, à payer trente sous tournois pour les frais du procès. Gautier reconnut la sentence pour bien rendue, puisqu'il confirma la donation de son frère par une nouvelle charte dressée, en 1234, devant l'official de Rouen. La vergée de terre, objet du procès, était située entre la terre que Gautier tenait des moines de Sainte-Marie du Pré de Rouen, et la terre de Guillaume Werouf, n° 80, 117 et 119.

1225. Guillaume « le Poigneor », chevalier, donne, pour le repos de l'âme de son père, de sa mère, de Guillaume de Bouquetot, son seigneur, cinq sous de rente annuelle. Témoins : Raoul et Robert de Bouquetot, l'Abbé du Quesnoy [1].

1226. Raoul de Bouquetot, chevalier, confirme la donation faite par Vital Tyerri d'une vergée de terre, située dans le Champ Dolent, n° 84.

Guillaume de Barneville, frère de Raoul de Bouquetot, donna aux chanoines une terre située à Bouquetot, et appelée « Campus de Maretos » ; il confirma également la donation d'une terre qui dépendait de son fief, n° 157.

Guillaume, second fils de Richard de Bardouville, donna à Laurent et à Guillaume, prêtres de Bourg-Achard, deux maisons : l'une, à Bouquetot, devant l'église, avait un petit jardin d'une demi-acre ; l'autre, à Bourg-Achard, entre la maison de Guillaume le Vicomte et la place de Richard le Marchand.

n'est pas probable. Cependant son titre de chevalier, et sa présence à Bouquetot, font supposer qu'il est petit-fils de Mathieu. — Il n'en est pas de même d'un certain Raoul, dit Bouquetot, fils de Guillaume du Hamel, présent à Bouquetot en 1233 (Cart. de B. Ach., n° 81); de Gautier Levavasseur de Bouquetot, faisant acte en 1234 (Cart. de B. Ach., n° 119).

1. D'Hozier, *Arm. gén.*, reg. IV, p. iii, n° 3.

Il ajouta à cette donation deux morceaux de terre à Bouquetot :
le premier, entre le susdit jardinet de Bouquetot et la route de
Rouen, et le second sous la maison de Guillaume du Val. Ces
deux morceaux de terre dépendaient du fief de Richard de Fréville. Les droits des seigneurs féodaux étaient réservés. Ainsi
douze deniers étaient dus au seigneur de Piencourt pour la maison de Bouquetot ; un chapon et un denier à Noël, dix œufs et
un denier à Pâques étaient dus pour les deux morceaux de terre
à Richard de Fréville. Sans date. N° 94.

1234. Richard, prêtre de Saint-Paul de Rouen, reconnaît, devant l'official de Rouen, avoir donné une pièce de terre située
entre la terre de Richard « le Marleor » et la terre de Richard
du Hamel, n° 115.

1239. Roger de Mal-Busquet donne un jardin et une maison
situés près du cimetière de Saint-Philibert de Bouquetot, trois
acres de terre en divers endroits, un quartier de froment à la
mesure de Bourg-Achard et d'autres redevances, n° 85.

1243. Pierre de Fréville confirme la donation d'une pièce de
terre que Guillaume le Clerc, avait donnée au prieuré de Bourg-
Achard, n° 77.

1244. Richard Froquent donne une demi-acre de terre située
près du champ qui est appelé le Champ d'Alise « Campus
Aelisie », et que les chanoines ont acquis de Richard « le
Marleor », jadis prêtre de Saint-Paul de Rouen, n° 86.

Nous croyons devoir interrompre l'ordre chronologique pour
rapprocher plusieurs chartes de la famille du Hamel.

1233. Raoul, dit Bouquetot, fils de feu Guillaume du Hamel
le jeune, donne une acre de terre, près de la terre que Béatrix,
mère de Richard « le Marleor », possédait à titre de dot; cette
donation fut confirmée par le seigneur de la terre, Guillaume
du Bosc-Bénard-Commin, n° 81.

1233. Jean du Hamel, clerc, donne une acre de terre située dans le même endroit. Cette acre de terre touche, d'un
bout, au sentier par lequel on va de l'église de Saint-Philibert
de Bouquetot à Bourg-Achard, et de l'autre, au chemin qui
conduit à la demeure de Richard Gode, et en largeur depuis la
terre de Richard « le Marleor », jusqu'à la terre de Raoul Bouquetot, frère du donateur, n° 90.

1246. Robert du Hamel, dit Frogent, vend, pour cinquante
sous tournois, une acre de terre, située dans la paroisse de Bou-

quetot, contiguë à la terre des chanoines, et aboutissant au chemin du roi, par lequel on se rend à Pont-Audemer.... Si par ha-
sard un de mes parents, dit-il, veut dans l'année retraire
par la bourse ladite terre, selon l'usage du pays, « si forte con-
tigerit quod aliquis de parentela mea dictam terram per bur-
sam infra annum secundum usum patriæ ad se vellet retrahere, »
malgré l'usage du pays, moi et mes héritiers, nous serons tenus
de donner en échange, ma terre du champ Férant « de campo
Ferant », que je tiens desdits chanoines, n° 76.

1247. Robert du Hamel vend pour cent sous tournois la rente
d'un setier de froment, à la mesure de Bourg-Achard ; ce setier
de froment sera de la meilleure qualité à douze deniers près.
Cette vente fut confirmée devant l'official de Rouen, dans le
même mois de mars 1247, n°⁵ 92 et 100.

1247. Au mois d'avril et de mai, le prieuré de Bourg-Achard
acquit enfin de Robert du Hamel le jeune tous les revenus et
terres que Robert du Hamel l'aîné devait à ce dernier à raison
du tènement, situé dans la paroisse de Saint-Philibert de Bouquetot ; en outre une demi-acre de terre, située près de la terre
que Richard du Hamel, son oncle, et chanoine, avait vendue au
prieuré ; enfin, cinq vergées et dix-neuf perches de terre dans
le champ Férant, n°⁵ 82 et 85.

Il est souvent question, dans la paroisse de Bouquetot, du
champ Férant. Je place ici la donation de six sous de rente annuelle, faite par Geoffroi le Cormier aux chanoines de Bourg-
Achard, et confirmée, en 1247, par Geoffroi Férant, chevalier,
n°⁵ 100 et 133.

Bouquetot possédait plusieurs fiefs, et entre autres les fiefs
nobles de Bosroger et de Fréville, tous deux relevant nuement
du roi. A ce titre, les seigneurs de Bosroger et de Fréville se
disputèrent la seigneurie à la fin du dix-septième siècle. Cette
affaire éveilla l'attention de Brochant, prieur de Bourg-Achard,
qui, s'appuyant sur les donations de Guillaume et de Robert de
Piencourt, revendiqua à son tour le titre de seigneur de Bouquetot, mais il fut reconnu que les trois acres de terre, comprises dans la donation des seigneurs de Piencourt, n'avaient
jamais constitué le fief de Bouquetot. Les seigneurs de Fréville
continuèrent donc à se qualifier seigneurs et patrons honoraires
de la paroisse [1].

1. Canel, *Essai sur l'arrond. de Pont-Audemer*, t. II, p. 199.

Bos-Gouet [1]. 1224. Jean du Bosc-Bénard-Commin [2], chevalier, confrère et associé aux biens spirituels de l'église de Saint-Lo de Bourg-Achard, donna, pour célébrer l'anniversaire de sa mort, une rente annuelle de cinq sous à prendre sur la terre que tenait de lui Thomas l'Anglais. Parmi les témoins, Richard de Champagne, alors doyen, maître Jean du Bourgthéroulde, prêtre, Jean d'Épreville, Thomas de Barneville, Raoul, dit Prieur du Val, chevalier, Raoul Legregi et Thomas du Quesnoy [3], n° 160.

1234. Robert de Joui donna, au mois d'avril 1234, huit acres et une vergée de terre au Bos-Gouet, situées entre la terre de Robert de Honguemare et la terre de Raoul Goncelin, et depuis la terre de Gautier de Honguemare jusqu'à la forêt du roi. Cet acte fut confirmé et renouvelé la même année devant l'official de Rouen. N°ˢ 116 et 163.

Honguemare [4]. 1225. Guillaume de Barneville confirme la donation d'une acre de terre en un lieu appelé le Géroudent, et donnée par sa mère, en présence de Raoul de Bouquetot, son frère, n° 157.

1231. Vente, par Robert Hefel, d'une rente sur une pièce de terre, située à Honguemare, près de la terre d'Asce le Boucher et du clos de Robert Levasseur, n° 112.

1233. Guillaume Osbert, fils d'Osbert Rose, vend, du consentement de sa femme Mabille, une demi-acre de terre, située dans la paroisse de Honguemare, près de la mare Buc, n° 153. Confirmation de ladite vente devant l'official de Rouen, en 1234, n° 113.

1234. Le mardi qui suit la fête de saint Martin d'hiver, Maurice, archevêque de Rouen, se trouvait à Bourg-Achard. Guillaume, fils d'Osbert Rose, et Roger, clerc, frère de Guillaume, se présentèrent devant lui : Guillaume reconnut avoir vendu aux chanoines de Bourg-Achard une pièce de terre qu'il avait près de la mare Buc. Roger approuve ; Guillaume s'engage en outre à obtenir le consentement du seigneur dont il tenait la terre, n° 45.

1234. En même temps, Guillaume Osbert confirma, pour six livres tournois, la cession de toute la terre qu'il possédait dans

---

1. Bos-Gouet, canton de Routot.
2. Le Bos-Bénard-Commin, canton du Bourgthéroulde.
3. Voy. D'Hozier, reg. IV, p. 4, n° IX.
4. Honguemare, canton de Routot.

la paroisse de Honguemare, entre la terre d'Aubert Vital, et la demi-acre de terre qu'il avait vendue au prieur de Bourg-Achard, n° 134.

1234. Gilbert Passebosc donne tout le fief qu'il avait acheté de Geoffroi du Val de Honguemare, lequel fief était placé près de la terre de Guillaume du Bosc. Gilbert Passebosc avait une maison à Bourg-Achard, n°ˢ 63 et 68.

1235. Roger Passebosc donne deux pièces de terre, situées dans le fief de Robert Férant, au vieil Honguemare. L'une d'elles est contiguë à la terre des chanoines. Cette charte fut confirmée par Robert Férant, l'année suivante, n°ˢ 62 et 69.

1235. Robert Férant approuve la donation et concession que Roger Passebosc a faite aux chanoines de Bourg-Achard, de deux pièces de terre qu'il tenait de son fief au vieil Honguemare. Il donne à son tour les redevances que Roger, Raoul et Gilbert Passebosc lui devaient pour les portions de fiefs qu'ils tenaient de lui, n° 69.

1245. Robert Le Fèvre, de Bourg-Achard, donne une pièce de terre qu'il avait dans la paroisse de Notre-Dame de Honguemare, devant la léproserie de Bourg-Achard, entre la terre des héritiers de Henri de la Mare, et le chemin du roi. Cet acte fut renouvelé devant l'official de Rouen, n°ᵉ 72 et 121. Dans une charte sans date, d'Henri du Pin, chevalier, il est encore parlé de la maison des lépreux de Bourg-Achard, n° 148.

GUENOUVILLE[1]. 1222. Henri de Bardouville, quatrième fils de Richard de Bardouville, était prêtre. Il donna tout le revenu d'un tènement que Thomas, clerc, fils de Robert « le Cordoanier », tenait de lui à Guenouville, n° 152.

1232. Pierre de Bardouville, neveu de Henri et fils de Guillaume de Bardouville, reconnut que Robert, le Cordoanier, père de Thomas, clerc, tenait ledit tènement des ancêtres de Henri de Bardouville, c'est-à-dire de Richard, leur aïeul commun. Par un acte spécial et postérieur, il ratifia cette donation devant l'official de Rouen, en mai, n° 103.

SAINT-OUEN DE THOUBERVILLE[2]. On trouve mentionnés, dans notre cartulaire, Jean et Rose du Bosc-Géroud, lesquels tiraient leur nom du Bosc-Guéroud, hameau de Saint-Ouen de Thouber-

---

1. Guenouville, canton de Routot.
2. Saint-Ouen de Thouberville, canton de Routot.

ville. Dans une charte de Robert du Quesnoy, dit l'Abbé, il est fait mention du champ Géroud, que nous supposons avoir été contigu au Bois-Géroud, n° 58.

1222. Rose, veuve de Nicolas du Bosc-Géroud, chevalier, donne au prieur, du consentement de ses fils Jean et Henri, une acre de terre. Cette acre de terre venait de son « maritagium », et était située près de la mare de l'Angle d'Asie « de Angulo Asiæ », et de la terre de Gautier le « Viseor », n° 159. Jean confirma cette charte la même année, n° 136.

1234. Jean donna à son tour une rente de douze deniers, payables sur le fief que Guillaume Mouchard tenait de lui « apud Hanchelimaram », n° 137.

ÉPREVILLE. 1222. Guillaume de Bardouville avait épousé Alice d'Épreville [1]; il en eut deux fils, Raoul et Pierre. Au mois de mai 1222, Raoul donna aux chanoines tout le tènement qui avait été donné en « maritagium » à sa mère Alice. Garnier d'Épreville, chevalier, et oncle de Raoul, confirma la donation par l'apposition de son sceau, en qualité de seigneur dudit tènement. Enfin Raoul donna, par la même charte, une rente annuelle de douze deniers que Gilbert Malvas lui payait, n° 83.

1231. Alice du Chemin s'engage à donner chaque année un setier de froment, à la mesure de Bourg-Achard « ad mensuram Burgi-Achardi, ad equipollentiam melioris frumenti pretii duodecim denariorum minus de sestario », n° 96.

LONGUEVILLE. Alain de Saint-Pierre donna à l'église de Saint-Lô de Bourg-Achard, d'abord la dîme entière de son vin et la dîme des noix récoltées dans son domaine de Longueville, ensuite en toute propriété un demi-arpent de vigne près de sa vigne [2]. « On appelait Longueville, dit M. Delisle, le territoire qui environnait Vernon. On l'a quelquefois pris pour le nom d'une paroisse ou d'un village; mais il désigne ordinairement tout un pays, dans lequel se trouvaient compris une partie de Vernon, Saint-Marcel, Saint-Just et Saint-Pierre d'Autils [3] ».

---

1. Le cart. porte Espinville, mais il faut lire Espreville. Épreville en Roumois est une commune voisine de Flancourt, et Jean d'Épreville signe comme témoin dans une charte de Pierre de Bardouville.

2. D'Hozier, *Armorial de France*, reg. IV, p. v, n° 1.

3. Delisle, *Études sur la condition de la classe agricole en Normandie*, p. 421 et 507.

En effet, les bords de la Seine, depuis Gaillon jusqu'à Vernon, étaient au moyen âge couverts de noyers : plusieurs abbayes y avaient des rentes de noix : à Vernon une place était spécialement réservée pour le marché des noix.

SAINT-ANDRÉ SUR CAILLY. Geoffroi de Bourg-Achard et Alix, sa femme, donnent tout le fief situé dans la paroisse Saint-André [1], entre la terre que Richard Fère tenait jadis en gage, et la terre de Guillaume « le Molleor ». Ils tenaient ce fief héréditairement de Guillaume de Monville [2], et de Mathilde, sa femme. Geoffroi et Alix furent ensuite reçus dans la communauté des biens spirituels de l'Église. Martin Le Boglier, seigneur du fief, confirma la donation « fide corporaliter præstitâ de manu meâ in manu dicti prioris ». En récompense, le prieur et les chanoines le reçurent comme frère dans les biens spirituels de l'Église, nᵒˢ 123 et 131.

ROUEN. Vers 1204, Robert de Bernai possédait une maison dans la paroisse Saint-Patrice, à Rouen « de feodo Asmallary ». Il possédait encore un terrain dans ladite paroisse « juxta Rocam ». Il donna la maison et le terrain à son clerc Geoffroi du Bosc ; celui-ci en fit don au prieuré lorsqu'il devint chanoine de Bourg-Achard, nᵒˢ 128 et 129 [3].

1229. Gui Sorel, fils de Robert Sorel, reconnaît, devant maitre Alain Breton, chanoine et official de Rouen, qu'il a donné au prieuré de Bourg-Achard une rente annuelle de deuze sous. Il assigne comme garantie son cellier de pierre et la moitié de sa maison de bois, située à Rouen, dans la paroisse Saint-Maclou. Il s'engage à ne jamais les vendre sans l'autorisation des chanoines de Bourg-Achard. — La charte fut dressée le jour de la Saint-Michel en septembre 1229, nᵒ 112 et 132.

PONT-AUTHOU. Par donation de Roger du Bosc, la dîme des moulins que ce dernier possédait à Pont-Authou, et par transaction avec les moines de Jumiéges, un emplacement pour la construction d'un moulin, nᵒ 34, 143. — Gr. cart. de Jumiéges, nᵒ 186.

1. Saint-André-sur-Cailly, canton de Clères, arrondissement de Rouen.

2. Monville, canton de Clères, arrondissement de Rouen.

3. Geoffroi du Bosc est nommé dans la transaction conclue en 1209 au sujet de l'église de Honguemare, entre le prieuré de Bourg-Achard et Tridon de Barneville (Cart. de B. Ach., nᵒ 19 et 43). Quant à Robert de Bernai, il est cité deux fois dans les grands rôles de l'échiquier de Normandie (1198 et 1203).

Aumale. Le prieuré de Bourg-Achard avait acquis, par donation de Guillaume, comte d'Aumale, une rente annuelle de vingt sous de Beauvais, sur le tonlieu d'Aumale, n°s 23 et 29.

Forêts de Brotonne et du Neubourg. Les droits d'usage que le prieuré de Bourg-Achard possédait dans la forêt de Brotonne, datent de la seconde moitié du douzième siècle. Galeran, comte de Meulan, et son fils Robert, lui avaient donné, dans tous leurs domaines, le panage pour ses porcs, l'herbage pour ses bestiaux, et le bois pour son chauffage. Ces donations furent confirmées par une charte d'Henri II, roi d'Angleterre, n°s 22 et 27. Le coutumier des forêts de Normandie, rédigé vers 1400, constate les droits du prieuré dans la forêt de Brotonne [1].

A la fin du douzième siècle, entre 1190 et 1200, Henri du Neubourg donna à Robert, prieur, et au couvent de Bourg-Achard, un lieu dit Sainte-Marie de la Forêt, avec le droit de panage et de pâturage [2]. Le lieu dit Sainte-Marie de la Forêt doit être le prieuré de Notre-Dame du Bosc, dans la forêt du Neubourg. Nous avons déjà dit qu'une discussion s'éleva au milieu du treizième siècle, entre le prieur de Bourg-Achard et les cohéritiers de la maison du Neubourg, au sujet du bois de chauffage et de construction. Les parties transigèrent. Le prieur eut gain de cause, sous la condition de demander la délivrance du bois aux seigneurs du Neubourg [3].

Le prieuré de Bourg-Achard essaya, vers la même époque, de se faire reconnaître des droits d'usage dans la forêt de la Londe :

1. Arch. de la Seine-Inf., *Usages et coutumes des forêts de Normandie,* fol. 65 v°. « Les religieux, prieur et couvent de Saint-Lô du Bourcachart, ont en la forest de Brotonne, à cause de leur église dudit lieu, l'erbage et pasturage pour leurs bestes pris hors deffens et frans de pasnage, et n'en doivent que le depry, et doivent avoir en icelle forest le pasturage à leurs bestes hors chievres, tailles et deffens. Item doivent avoir en icelle forest, bois pour leur ardoir par livrée du verdier ou son lieutenant, pour lesquelles franchises dessus déclarées lesdis religieux, prieur et couvent sont tenuz faire prières et oraisons pour leurs fondeurs. » Dans un *État des chauffages, pasturages, panages, et autres droits que le Roy en son conseil baille à estre délivrés, l'année prochaine* 1674, état conservé dans les archives de l'hospice de Pont-Audemer, et retrouvé par M. Canel, on lit encore : « Le prieur et religieux de Saint-Lô de Bourg-Achard ont à prendre sur la forêt de Brotonne 25 cordes de bois de chauffage. Ils ont aussi le pâturage pour 20 bêtes aumailles et le panage pour 20 porcs. »

2. Cart. de B. Ach., n° 30. La Roque, *Histoire de la maison d'Harcourt,* t. IV, p. 1397.

3. Canel, *Essai sur l'arrond. de Pont-Audemer,* t. II, p. 145.

mais l'enquête du vicomte de Pont-Audemer ne justifia guère ses prétentions [1].

III.

Le cartulaire du prieuré de Bourg-Achard s'arrête au moment même où Eudes Rigaud commence le registre de ses visites pastorales. Ouvrons ce précieux registre et voyons avec quelle persévérance, avec quelle énergie l'illustre archevêque préside à l'administration temporelle et spirituelle de son diocèse. De même qu'il entre dans tous les détails de la fortune et des affaires du prieuré, de même il ne néglige rien pour rétablir la pureté des mœurs et assurer le maintien de la discipline [2].

Le registre des visites pastorales d'Eudes Rigaud nous fournit la balance des comptes du prieuré au milieu du treizième siècle. Le prieuré de Bourg-Achard avait trois cents livres de revenu ; ses créances et ses dettes s'élevaient à cent livres environ. Cette situation s'est maintenue de 1249 à 1275 avec des variations assez importantes, mais qui laissent presque toujours le crédit supérieur au débit. En 1249, les chanoines doivent 105 livres ; à maître Guillaume Landri cinquante sous de pension (de pensione). En 1250, 90 livres. En 1254, « il leur est dû 100 livres ; c'est plus qu'ils ne doivent. » En 1257, « ils doivent neuf fois vingt livres parisis : on

---

1. *Trésor des chartes,* supplém. Carton J. 1024, n° 42, publié par M. Delisle, Cartulaire normand, n°ˢ 136, 664 : « De rechief, le prior de Borc Achart requist à avoir usage en la forest de la Lunde, hu champ Baudri, et porchasa vers les maistres que maistre Richard du Fay en enquerist. Maistre Richard fist l'enqueste hu chimetiere du Bosc Geet, et par cele enqueste maistre Richart ne trouva pas que le dist prior y eust nul droit, et en enpres le dit prior requist as maistres que le visconte du Pont-Audemer en enquerist : le dist viconte en enquist et fist cemondre monsegnor Thomas de Bosc Bernart chevalier, et monsegnor Arnoulph des Haiis chevalier, et les veneors, et les sergans de la forest, avec eus grant foisson de bone genz, lesquelz chevaliers et veneors et lesquelz bones gens et les serjans distrent par lor serement que le dit prior n'y avoit droit, et sur ceu le dist visconte du Pont-Audemer l'en a mis en possession et en sessine contre la droiture le roy, por L libres de tornois que le dit prior li donna. Ceu soit prové par ces qui furent à l'enqueste et par la bone gent du paais. »

2. Regestrum Visit. arch. Rothom., 1852, in-4°, p. 58, 201, 281, 386, 461, 514, 547, 585.

leur doit deux cents livres tournois. » En 1266, « on leur devait plus qu'ils ne devaient. » En 1267, « ils devaient treize fois vingt livres : on leur devait huit fois vingt livres, en dettes bien solvables et à termes échus. »

Les revenus du prieuré étaient très-divers : loyer ou exploitation de fonds de terre, rentes, redevances. Parmi les redevances, nous remarquons des pains, des volailles, des œufs, un agneau, des noix sèches. Les chanoines cultivaient eux-mêmes la plupart de leurs terres et en consommaient les produits. En 1225, ils avaient deux charrues, l'une à deux bœufs, l'autre à deux chevaux [1]. En 1235 Eudes Rigaud note que les charrues travaillaient les dimanches et les fêtes. Toutes les fois qu'il visite le prieuré, il s'informe de la situation des magasins, des greniers, de la cave. En 1250 les chanoines peuvent vendre assez de blé pour payer leurs dettes ou à peu près, et leurs dettes s'élevaient à quatre-vingt-dix livres. En 1253 ils ont du blé, de l'avoine et des porcs, mais point de vin. En 1257 ils ont « assez de vin, dit le prélat, pour attendre la saint Michel, mais pas assez de blé pour attendre la moisson prochaine ». En 1266 les provisions abondent, mais le vin fait encore défaut. Il est évident que le blé et l'avoine étaient la ressource principale et le fonds de la culture des chanoines. Les vignes étaient fort rares dans cette région, et la dîme du vin qu'Alain de Saint-Pierre avait cédée aux chanoines dans son domaine de Longueville ne devait pas leur suffire. On se rappelle que Roger du Bosc avait donné aux chanoines, en 1142, la dîme de ses moulins de Pont-Authou et le droit d'y moudre le pain nécessaire pour certains repas ; mais, leur culture s'étendant de jour en jour, les chanoines firent un accord avec les moines de Jumiéges, qui leur cédèrent à Pont-Authou, et moyennant finance, un emplacement pour construire un moulin. Le blé était rapporté à Bourg-Achard : une partie était vendue sur le marché, qui se distinguait déjà par le commerce des grains ; une autre était envoyée pour le service du prieuré, au four seigneurial.

En 1253, le prieuré possédait de la guède pour une valeur de soixante livres.

Le prieuré se composait d'un certain nombre de bâtiments qui étaient, au milieu du treizième siècle, en fort mauvais état, et

1. *Archives de la Seine-Inf.*, Cart. de Phil. d'Alençon, fol, vii-xxvii r°.

même, dans certaines parties, inhabitables. Eudes Rigaud signale particulièrement la grange de la maison consacrée aux hôtes du prieuré. Il parle du cloître, « claustrum », qu'il interdit aux séculiers; du réfectoire, où il dîne avec les chanoines; de la prison, où l'on détenait les chanoines et les novices coupables. Le prieuré semblait alors voisin de l'église et du cimetière, et le verger, « virgultum », dont parle Eudes Rigaud devait être le jardin donné près de l'église, en 1142, par Roger du Bosc.

Le prieur administrait le prieuré, mais fort mal, ce semble. En octobre 1253, Eudes Rigaud avoue que le prieur est colère, violent, processif. En 1257, il lui défend de sortir seul à cheval, de prendre ses repas dans la ville, et surtout de permettre aux femmes de venir prendre les leurs dans le prieuré. En 1266, il apprend que la réputation du prieur n'est pas sans tache : il conseille, il conjure, il ordonne au prieur de s'abstenir des choses défendues, et le supplie de racheter les scandales de sa vie passée par les mérites de sa vie future. Puis viennent les réprimandes sur l'ordre des cérémonies religieuses, sur la discipline intérieure. L'archevêque interdit aux laïques de pénétrer dans le chœur de l'église, d'entrer, de causer, de s'asseoir dans le cloître. Il ordonne au prieur de placer un portier à l'entrée du couvent. Il lui enjoint de mieux surveiller la tenue des chanoines, et de leur donner tous les deux ans une pelisse. Il veut que les infirmes soient mieux traités : les infirmes, peut-être les lépreux auxquels on donnait les restes de la table des chanoines. Il tance le prieur, qui ne visite pas assez souvent les églises qui relèvent de Bourg-Achard. Il lui impose une pénitence, parce que, malgré des ordres plusieurs fois répétés, ce dernier n'avait pas fait rentrer dans la bibliothèque du prieuré les épîtres de saint Paul avec les gloses, et la Somme de maître Guillaume d'Auxerre, prêtées à maître Nicolas du Bois-Guillaume. Enfin il lui reproche plusieurs fois de ne pas avoir de sous-prieur. « Le sous-prieur, dit-il en 1249, a la cure des âmes de la paroisse de Bourg-Achard. » Le registre d'Eudes Rigaud peint le chanoine Jean, chargé de l'office et de la cave, comme un homme malhonnête et infidèle. L'archevêque exige que le prieur retire à ce chanoine la charge de cellerier. Il lui conseille de confier cet office à quelque séculier probe et sûr. Plusieurs fois le Cartulaire de Bourg-Achard cite le bailli du prieuré : c'était un mandataire du prieur pour traiter les affaires temporelles.

Le nombre des chanoines variait beaucoup. En 1249, dix ; en 1250, neuf chanoines : (Eudes Rigaud ne trouve pas que le nombre en soit suffisant) ; en 1254, onze ; en 1255, dix ; en 1257, dix ; en 1260, quinze ; en 1262, treize ; en 1263, dix ; en 1265, neuf ; en 1266, dix ; en 1267, douze ; en 1269, douze. Les chanoines, qui n'étaient point retenus par l'active surveillance du prieur, dérogeaient sans cesse aux obligations de leur ordre. Ceux qui étaient chargés de l'administration des églises dépendantes du prieuré remettaient au prieur, sur les revenus de ces églises, ce qu'il leur plaisait, dépensaient à leur fantaisie et ne rendaient aucun compte. Aussi l'archevêque ne veut pas qu'ils restent seuls. Il veut qu'on leur donne un compagnon ou qu'on les rappelle au cloitre. Il censure vertement un chanoine qui, de sa pleine autorité, a pris possession d'une paroisse dans le doyenné de Bourgthéroulde. Quant aux novices, le prieur s'en plaint toujours ; ils sont grossiers, stupides, intraitables. Eudes Rigaud les avertit : s'ils ne se corrigent pas avec le plus grand soin, s'ils n'apprennent pas humblement le service et les règles de leur ordre, le prieur, soutenu dans cette mesure par l'autorité épiscopale, les expulsera du prieuré.

En 1262 l'archevêque apprend que des novices, après trois années de séjour au prieuré, n'avaient pas encore fait profession à cause de leur ignorance. Il décide qu'ils feront néanmoins profession, et que le prieur en disposera à son gré, soit en les renvoyant dans d'autres maisons, soit en les retenant pour achever leur instruction.

Eudes Rigaud ne cesse, toutes les fois qu'il vient à Bourg-Achard, de rappeler aux chanoines les devoirs de leur état. Il leur ordonne de se confesser et de communier tous les mois. « Nous avons ordonné, dit-il en 1250, que quiconque ne se sera pas confessé chaque mois jeûne au pain et à l'eau le vendredi qui suivra le mois écoulé ; le prieur ne pourra donner à cet effet aucune dispense. » Et en 1257 il dit : « Nous avons enjoint au prieur de se confesser plus fréquemment, au moins toutes les fois qu'il célébrerait le service divin. » Les chanoines mangeaient de la viande ; l'archevêque sur ce point s'en rapportait à leur conscience. Il n'en fut pas de même de la règle du silence, qui n'était nullement observée, et qu'Eudes Rigaud tenta de rétablir par des mesures vigoureuses : il ordonne au prieur de priver les coupables de vin ou de nourriture, menace les chanoines de l'excommunication et interdit l'entrée du cloître aux séculiers. On faisait deux fois la semaine l'aumône à tout venant; mais l'archevêque observe que la générosité n'était pas la vertu des chanoines. Peut-être les chanoines auraient-ils pu se corriger s'ils avaient gardé l'usage de s'avouer les uns aux autres leurs défauts réciproques. « Malheureusement, comme dit Eudes Rigaud, on ne se prévenait pas. » Il fallait donc des actes très-graves pour décider le prieur à faire détenir un chanoine ou un novice dans cette prison de Bourg-Achard, où nous trouvons enfermé en 1266 Geoffroi Boiste [1], et où furent enfermés jusqu'à la révolution les prêtres coupables du diocèse de Rouen.

De la fin du treizième à la fin du seizième siècle, s'ouvre, dans l'histoire du prieuré de Bourg-Achard, une lacune que nous ne pouvons combler. A peine trouvons-nous quelques faits intéressants à constater, quelques contrats importants à signaler. Mentionnons toutefois la confiscation des biens du prieuré, en 1419, par Henri V, roi d'Angleterre, et la restitution de ces biens audit prieuré en 1422. Citons encore une donation faite en 1497, par Étienne Morand, chevalier, seigneur de Beyville du Parc et du Collombier [2]. Il faut se transporter au commencement du dix-septième siècle, pour voir le prieuré de Bourg-Achard reprendre sa place dans l'histoire ecclésiastique de la Normandie.

IV.

On ne saurait se faire une juste idée du désordre qui régnait à la fin du seizième siècle dans l'administration et la discipline des établissements religieux. Les revenus qu'une piété séculaire avait consacrés au service du culte ou au soulagement des pauvres s'écoulaient en vaines prodigalités ou en folles débauches. Pour l'honneur et le salut de l'Église, une réforme était nécessaire. Elle prit naissance dans le monastère de Saint-Vincent de Senlis. Le cardinal de la Rochefoucauld, secondé par le zèle ardent du père Faure, l'introduisit dans l'abbaye de Sainte-Gene-

---

1. Reg. visit., p. 547 et 585. Eudes Rigaud lui fait donner un bréviaire ou quelque autre livre, pour qu'il puisse dire ses prières et se préparer à la confession.

2. Arch. de l'Eure.

viève du Mont. Le pape Urbain VIII, Louis XIII, le parlement, par des bulles, des lettres et des arrêts, s'unirent pour l'étendre et l'appliquer aux ordres entiers de Saint-Benoît et de Saint-Augustin. En 1645, le prieuré de Bourg-Achard suivit l'exemple que lui donnait, depuis 1632 Notre-Dame d'Eu, depuis 1634 Saint-Acheul, depuis 1639 Saint-Lô de Rouen, et que devaient bientôt imiter les Deux Amants, en 1648, la Madeleine de Rouen, en 1654, Notre-Dame de Corneville, en 1659, et Sainte-Honorine de Graville, en 1665 [1].

Le 20 septembre 1645, messire Claude Du Val, aumônier, conseiller du roi en ses conseils, abbé commendataire de Notre-Dame de la Victoire, et prieur commendataire du prieuré de Saint-Lô de Bourg-Achard, d'une part, et, de l'autre, frère Richard de Saint-Laurent, curé et sous-prieur du prieuré de Bourg-Achard, et sept chanoines, qui se trouvaient alors à Bourg-Achard, firent le traité suivant :

Les anciens religieux conserveront leurs places dans le chœur : ils recevront chacun 300 livres et une somme de 60 livres pour le pain, le vin, l'huile, les livres, et toutes les dépenses du service divin ; le prieur s'engage à leur faire préparer, dans un bâtiment séparé, des chambres vitrées, à cheminées, indépendantes les unes des autres, un réfectoire, une infirmerie et des chambres d'hôte. Le droit de prendre de l'eau aux mares, le droit de moudre franc aux moulins du prieuré, leur est garanti. Les chanoines seront exempts de toutes charges, réparations ordinaires ou extraordinaires, dépenses ou améliorations concernant l'église et le prieuré. A ces conditions, ils cèdent au prieur la pleine propriété du temporel du prieuré, et même, après leurs morts, les biens qui leur seraient demeurés personnels, à la charge, pour le prieur, de payer, suivant l'usage, 20 livres auxdits religieux pour le service des curés décédés. Les papiers et titres du prieuré seront remis au prieur, qui en fera dresser inventaire [2].

Le 29 avril 1646, le père Blanchard, abbé de Sainte-Geneviève et supérieur des chanoines réguliers de l'ordre de Saint-Augus-

[1] Bibl. Sainte-Geneviève. *Vie du Père Blanchard*, ms. in-fol., t. II, p. 248.

[2] *Archives de la Seine-Inférieure*, Fonds du prieuré de Saint-Lô de Rouen. — Dans l'*État de la France*, rédigé d'après les mémoires des intendants par M. de Boulainvilliers, tom. V, p. 18, le revenu du prieuré de Bourg-Achard est taxé à 400 livres.

tin, donna commission à Pierre Lescalopier, prieur claustral de
Saint-Lô de Rouen, de traiter avec les religieux de Bourg-
Achard. Cette commission avait-elle pour objet de mettre à exécution le concordat de 1645, ou bien d'en préparer un nouveau? Je l'ignore. Je sais seulement que ces mesures d'or-
ganisation intérieure étaient incapables de renouer les tradi-
tions et de réveiller l'esprit de désintéressement et d'abnégation
qui devait être la vertu de l'ordre de Saint-Augustin. Le prieuré
continua d'être le théâtre de scandales qui provoquèrent, en
1685, la visite et les sévérités du coadjuteur de l'archevêque de
Rouen. C'est alors que le père Jean Moulin, supérieur du prieuré
de Saint-Cyr de Friardel, au diocèse de Lisieux, fut appelé à
Bourg-Achard, et chargé, par délégation expresse de l'archevêque
de Rouen, d'en tenter la réforme. Le père Hélyot[1], qui vainement avait essayé de connaître l'origine, les progrès et l'histoire
de la réforme de Friardel, semble croire que le père Moulin en-
vahit, de son autorité privée, le prieuré de Bourg-Achard. Il n'en
est rien. Le père Moulin, dans toute cette affaire, agit sous les
inspirations de l'archevêché de Rouen. Il commença par prêcher
l'étroite observance des règles canoniques; mais, voyant que ses
prédications étaient vaines, il se décida à faire un concordat,
comme M. Duval en avait déjà fait un en 1645. Il obtint ou
plutôt acheta, moyennant des pensions viagères, et la dispense
de toutes les obligations canoniques, l'administration temporelle
et la direction spirituelle du prieuré. Cette convention fut passée le 22 septembre 1685. Un mois après, le 24 octobre, l'archevêque de Rouen vint à Bourg-Achard, approuva le concordat
et donna au père Moulin, pour assesseur dans l'administration
du temporel, le curé de Saint-Ouen de Rouen. A peine un an s'é-
tait-il écoulé que les plaintes les plus vives s'élevèrent contre la
nouvelle communauté. Dans un mémoire rédigé vraisemblablement sous l'influence des anciens chanoines, madame de Maulé-
vrier reprocha au père Moulin d'avoir ouvert le prieuré à des
novices incapables de dire les messes commémoratives; elle se
plaignait en même temps qu'on n'eût point dressé un inventaire
des titres du prieuré et concluait à la rédaction dudit inventaire,
à l'exécution des fondations pieuses, à la distribution régulière des
aumônes. L'archevêque de Rouen intervint de nouveau et s'ef-

---

1. Le père Hélyot, *Hist. des ordres monastiques*, t. II, p. 432.

força, le 9 mai 1686, de rétablir la paix entre les deux communautés et les habitants de Bourg-Achard.

La réforme de Friardel prit alors le nom de réforme de Bourg-Achard : elle s'étendit rapidement et gagna l'abbaye de Notre-Dame du Vœu, près de Cherbourg, et les prieurés de Sausseuse et de Saint-Laurent de Lions. Elle était sur le point de pénétrer dans l'abbaye de Saint-Vaast, au diocèse du Mans, lorsqu'en 1699, l'abbé de Sainte-Geneviève, supérieur général des chanoines réguliers de la congrégation de France, porta plainte et accusa le père Moulin de s'arroger les droits que pouvaient seuls exercer les chefs d'ordres reconnus en France et approuvés par le Saint-Siége. Un arrêt rendu le 17 juillet 1699 assigna le père Moulin devant le conseil du roi. Ce dernier renonça aussitôt à l'espérance de réformer l'abbaye de Saint-Vaast ; mais cette année même il pénétra dans l'abbaye de Beaulieu, à trois lieues de Rouen. Ainsi la réforme de Bourg-Achard rencontra, dans les autorités constituées de l'ordre de Saint-Augustin et dans plusieurs évêques, notamment les évêques d'Évreux et d'Auxerre, une très-vive opposition, mais elle se maintint et fleurit dans le diocèse de Rouen, où l'archevêque, M. Colbert, lui prêta le plus ferme appui. On trouvera dans le père Hélyot quelques détails sur le costume et la règle des chanoines réformés.

Le prieuré de Bourg-Achard ne dut pas avoir, au dix-huitième siècle, des destinées très-brillantes. En 1770, l'archevêque de Rouen pensa le supprimer ; la paroisse fit une vive opposition. En 1776, l'archevêque renouvela ses tentatives, la paroisse renouvela ses protestations [1]. « Il est nécessaire, disait-elle, de conserver une communauté qui jadis était proposée aux autres comme un modèle. La suppression du prieuré entraînera la suppression de l'office canonical, des fondations pieuses, des aumônes régulières. Le but est de réunir les biens du prieuré aux biens du séminaire Saint-Vivien de Rouen. Qu'importe à la paroisse de Bourg-Achard ? On lui offre des places gratuites au séminaire : mais depuis quarante ans, Bourg-Achard a fourni deux sujets à la prêtrise ! » On eût plaidé fort longtemps encore, si la révolution ne se fût chargée de l'arrêt qui supprima le prieuré de Bourg-Achard.

1. Canel, *Essai sur l'arrond. de Pont-Audemer*, t. II, p. 143.